Papier fresserchen

Impressum:

Diese Geschichte beruht auf wahren Begebenheiten. Personen und Orte wurden zum Schutz der Betroffenen geändert.

Besuchen Sie uns im Internet:
www.papierfresserchen.de

Oberer Schrannenplatz 2, 88131 Lindau
Telefon: 08382/7159086
info@papierfresserchen.de

Erstauflage 2017

Lektorat: Melanie Wittmann
Herstellung: Redaktions- und Literaturbüro MTM
www.literaturredaktion.de

Cover: Gestaltet mit Bilder von © Anja Greiner
und © trahko - Adobe Stock lizensiert

Bilder Innenteil: © Lea Bach

Druck: Bookpress / Polen
Gedruckt in der EU

ISBN: 978-3-86196-700-2

Mein Leben als Maskenträgerin

Lea Bach

Du kannst die Wellen nicht stoppen,
aber du kannst lernen, sie zu reiten.

Es ist alles möglich, wenn der Wille
und das Streben danach groß genug sind ...

Vorwort

Die Natur schenkt uns ein Lächeln, das wir oftmals nicht erkennen. Sie ist farbenfroh und hell. Manchmal stürmt es. Manchmal schneit es. Ein anderes Mal aber steht die Sonne am Himmel und wärmt uns. Sie lässt uns strahlen und glücklich sein. Dann wiederum ist alles grau, die Wolken bilden eine dicke Mauer und es regnet.

Die Natur kann vieles ausdrücken. So wie wir ...

„Kopf hoch!"
„Stark bleiben."
„Falsches Lächeln."
„Weitermachen ..."

Auch wenn es noch so schwerfällt ... kämpfen lohnt sich!

Sei unbeschwert! Lass das Leben auf dich regnen und genieße die Augenblicke des Glücks. Schau nicht weg, sondern hin! Freue dich über das kleine Glück, nicht über große Wunder. Nimm das, was du hast, an und denke nicht über das nach, was du nicht hast. Akzeptiere das, was dir dein Schicksal schenkt.

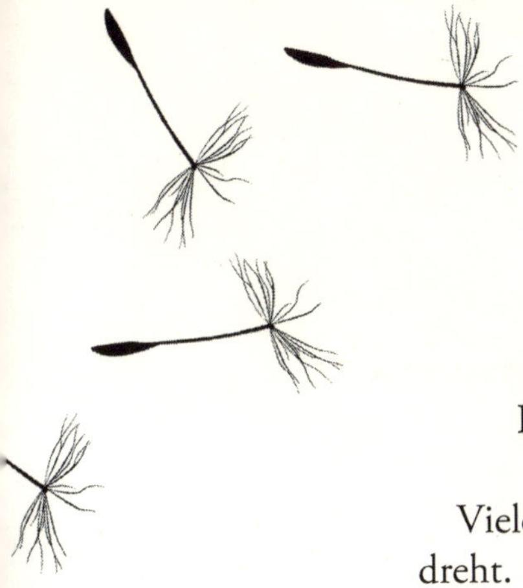

Hallo, ich bin Lea und 15 Jahre alt. Manchmal starre ich auf einen Punkt und träume mich weit weg. Ich träume gerne.

Viele halten mich für verrückt oder abgedreht. Manchmal laufe ich tanzend und laut singend durch die Straßen und denke darüber nach, wie schön es ist, glücklich zu sein. Es ist ein schönes, wärmendes und freies Gefühl von Schwerelosigkeit. Man glaubt beinahe, man könnte fliegen. Doch wenn man dieses Gefühl nicht mehr spüren kann, weil im Leben etwas passiert ist, das eine Art Schalter im Kopf umlegt, der für das Glücklichsein zuständig ist, dann kann das sehr schlimm sein. Auch ich habe so etwas erlebt.

Eines Abends werde ich aufwachen und bemerken, dass alles nur ein Traum war. Ich werde den Wecker hören und wissen, dass all die Schmerzen nicht echt waren. Dass die ganze Geschichte geträumt war und all die Last, die jahrelang auf meinen Schultern lag, nur noch Asche und Staub ist. Nichts davon ist je wahr gewesen.

Doch ich wache auf und muss leider feststellen, dass es kein Traum gewesen ist. Jede Narbe, die ich auf meiner Seele trage, begleitet mich Tag für Tag.

An alle, die aus Worten Messer machen, die urteilen, bevor sie denken. An die Menschen, die glauben, es sei besser, alles zu beenden und aufzugeben, weil sie vor lauter Nebel keine Sonne mehr sehen können, die vor Schmerz schreien. Es gibt Hoffnung!

Ein Engel hört euch weinen. Der Engel, der spürt, wie es euch geht, der eure Tränen trocknen wird und euch endlich davon erlöst. Ich habe ihn selbst kennengelernt. Er ist kein Mensch und auch kein Tier. Ich denke, dafür gibt es keine wirkliche Erklärung, denn es passieren so viele Dinge jeden Tag, die man sich einfach nicht erklären kann. Es gibt Wunder. Man muss nur fest genug daran glauben!

Viele halten mich für naiv und dumm. Doch ich habe all das nur überstanden, weil ich den Glauben niemals aufgegeben habe, dass eines Tages alles besser wird. Ich habe die Welt und meine Geschichte so oft verflucht, mich gefragt: „Warum ich? WARUM ausgerechnet ICH???“ Doch ich denke, das Schicksal spielt nun mal gerne mit uns, und das ist gut, denn so lernen wir.

Meine Oma sagt immer: „Erstens kommt es anders, zweitens als man denkt!“ Und mit dieser Aussage liegt sie meiner Meinung nach goldrichtig. Es geschehen jeden Tag Dinge auf dieser Welt, die grausam und ungerecht sind. Viele Leute schauen einfach weg und schließen die Augen. Sie sind feige. Schaut nicht weg, sondern hin! Geht auf die Leidenden zu und hört ihre Schreie. Vielleicht werdet auch ihr eines Tages froh darüber sein, wenn euch jemand hilft.

Ich möchte euch etwas verdeutlichen, das ihr vielleicht nur schwer verstehen werdet. Vielleicht wird es euch berühren ... oder ihr glaubt mir nicht, aber ich habe Menschen kennengelernt, die mir das *Leben* neu beigebracht haben. Menschen, die mir in einer Zeit geholfen haben, als ich mich selbst schon fast aufgegeben hatte. Damals war ich an einem sehr schwarzen und traurigen Punkt in meinem Leben angekommen. So etwas wünsche ich niemandem, noch nicht einmal meinem schlimmsten Feind. Ich konnte mich an nichts mehr erfreuen. Ich war tagelang traurig und konnte – oder wollte – mit niemandem reden. Ich zog mich zurück und verschanzte mich in meinem Zimmer. Grenzte mich von Menschen ab, die sich meine Freunde nannten, wurde immer mehr zum Einzelgänger und doch konnte ich nicht alleine sein. Ich wollte zwar alleine sein, doch der Unterschied liegt darin, dass es jemandem, der gerne alleine ist, nichts ausmacht, tatsächlich alleine zu sein. Wenn man allerdings lieber zu zweit sein möchte, macht einen die Einsamkeit traurig.

Es ist, als würde Mama *Ja* sagen und Papa *Nein* ... ein ewiges Hin und Her zwischen den Fronten. Es beginnt zu schmerzen und man weiß nicht mehr, was gut oder böse ist. Man ficht einen ständigen Kampf aus, bei dem man nicht einmal weiß, welche Waffen man benötigt, um den Tag zu überstehen. Also ist Spontaneität gefragt. Doch wie mache ich das, sodass man mir nichts anmerkt?

Ich möchte euch auf eine kleine Reise mitnehmen, sie führt zurück zu meinem zehnten Lebensjahr. Das ist die Zeit, die ich den *Wendepunkt* nenne. Mit neun Jahren hatte ich starkes Übergewicht und habe deswegen sechs Wochen Kur von der Krankenkasse genehmigt bekommen. Ich durfte nach Sylt. Das ist eine kleine Insel in der Nordsee, zwar teuer, aber dafür wunderschön und sehr ruhig. Ich habe die sechs Wochen sehr genossen, viele neue Menschen kennengelernt und bin zum ersten Mal mit dem Thema Tod konfrontiert worden. In der vorletzten Woche meines Aufenthalts hat mir meine Mutter am Telefon gesagt, dass mein Opa gestorben sei. Ich begriff, dass er nie wiederkommen würde, dass ich ihn nie, nie wieder in meine kleinen Arme schließen könnte. Ich habe sehr viel geweint und wollte unbedingt nach Hause, aber meine Eltern und die Kurbetreuer meinten, dass ich das auch so hinbekommen würde. Nur leider habe ich nie wirklich Abschied nehmen können. Ich kann bis heute nicht zu Opas Grab gehen, ohne eine Träne zu vergießen. So sehr berührt es mich noch immer. Jedes Mal, wenn ich seine Ruhestätte besuche, was nicht oft vorkommt, muss ich weinen und denke darüber nach, wie es wohl wäre, wenn ich damals die Kur abgebrochen hätte. Doch diese Frage kann mir niemand beantworten. Und je mehr man über das *Was-wäre-wenn* nachdenkt, grübelt und sich den Kopf zerbricht, desto trauriger und deprimierter wird man. Zumindest geht es mir so.

Einen ganz bestimmten Abend in meinem Leben werde ich niemals vergessen. Wenn ich heute darüber nachdenke, dann tut es mir leid. Ich fragte mich damals oft, was zwischen meinen Eltern so falsch lief, dass sie sich immer und immer wieder streiten mussten. Doch eigentlich hatte ich die Wahrheit, den großen Grund, direkt vor meinen Augen. Mein Vater hat meiner Mutter immer und immer wieder unterstellt, dass sie andere Männer hätte. Doch das stimmte nicht!

Er fuhr oft mit meiner Schwester und mir zur Arbeitsstelle meiner Mutter, um zu kontrollieren, ob sie auch wirklich arbeitete. Meist war das kurz vor Schichtende. Und es geschah mit der Begründung: „Wir helfen Mama aufräumen, dann ist sie schneller fertig."

Er spionierte ihr hinterher wie ein Detektiv, der nach etwas ganz Bestimmtem suchte. Irgendwann hat er sogar Wanzen installiert, weil er der Meinung war, dass sich meine Mutter mit ihren „Affären" in unserem Haus treffe. Er brachte es so weit, dass selbst ich irgendwann glaubte, sie hätte jemand anderen. Doch irgendwann durchschaute ihn. Er war ein Stalker!

Ich wusste nicht, auf welcher Seite ich stehen sollte. Doch bald wendete sich das Blatt. Ich bemerkte, dass zwischen unserem Babysitter und meinem Vater etwas anderes lief. Aber dazu später mehr.

2009 hat meine Mutter meinen Vater vor die Tür gesetzt. Die Beziehung meiner Eltern war schon längere Zeit nicht mehr die beste. Was mich ehrlich gesagt nicht wunderte. Doch an jenem Abend war es besonders schlimm. Er verpasste ihr eine Ohrfeige und schubste sie gegen den Küchenschrank. Ich hatte damals echt Angst vor ihm, aber vor allem hatte ich Angst um meine Mutter. Sie war schon immer eine Art Heiligtum für mich gewesen.

Alles begann mit einem harmlosen Streit um eine Kreditkarte, die meine Mutter nicht herausgeben wollte, da mein Vater nicht gut mit Geld umgehen konnte. Ich bekam diese laute Auseinandersetzung mit und warf mein Beschützer-Kuscheltier an meine Zimmertür in der Hoffnung, sie würden darauf reagieren. Doch nichts passierte. Die Schreie wurden noch lauter und ich bekam sehr große Angst. Mein Vater war ein Monster, eine tickende Zeitbombe.

Nachdem ich die Treppen hinuntergerannt war, beobachtete ich, wie er ausholte und meiner Mutter mitten ins Gesicht schlug. Es tat mir tief im Herzen weh. Er hat zwar meine Mutter geschlagen, aber mich gleichzeitig ebenso verletzt. Ihre Backe und ihr Auge waren knallrot, später sogar ein bisschen blau.

Ich schrie: „Hör auf! Bitte, hör auf!“, doch mein Vater drehte sich nur um und ging in Richtung Sofa. Er tat ganz cool. Das machte er immer, wenn es Streit gab.

Ich traute ihm nicht, denn ich hatte große Angst vor ihm, weil er sehr aggressiv war. Er schrie meine Mutter an, sie schrie zurück. Das war der Abend, an dem alles eskalierte. Ich habe ihn bis heute nicht vergessen!

An diesem Abend hatte ich das Gefühl, meine Mutter, Schwester und Oma (die später noch dazukam) beschützen zu müssen. Ich glaube, ich habe noch nie so gezittert. Ich war sehr wütend und zornig und schrie so laut, dass ich mich selbst nicht wiedererkannte. Ich war voller Adrenalin, voller Wut und voller Kraft, mein Puls schlug mir bis zum Hals. Später schrie mein Vater auch noch meine Oma an. Das war mir endgültig zu viel. Ich habe sehr, sehr viel geweint, geschrien, getobt.

Ich glaube, es war schon der Anfang des nächsten Tages (0:30 Uhr oder so), als meine Mutter mit zu meiner Oma gefahren ist. Meine Schwester schlief bei mir im Bett und ich habe die ganze Zeit mit der Angst gekämpft, dass er, mein Erzeuger, hochkommt und uns tyrannisiert.

Als ich vier Jahre alt war, haben meine Eltern beide sehr viel gearbeitet. Meine Schwester war zu diesem Zeitpunkt noch ein Baby und war auf einen Erwachsenen angewiesen. Deshalb hatten wir einen Babysitter. Anfangs war das auch für mich eine tolle Sache, doch nach ungefähr drei Jahren änderte sich alles. Nadine hatte keine Zeit mehr, weil sie viel für die Schule lernen musste, und so vermittelte sie uns eine Freundin von sich, die ihr Taschengeld aufbessern wollte. Doch aus dem Babysitten wurde für mich die Hölle. Jessica verliebte sich in meinen Vater. Damals muss sie 16 gewesen sein und er ungefähr 25. Eine für mich komische Vorstellung. Wie auch immer. Ich war sieben Jahre alt, als ich das erste Mal bemerkte, dass die Beziehung meines Vaters zu Jessica etwas anders war, als sie es zuvor zu Nadine gewesen war. Ich meine, man kann doch unterscheiden, ob zwei Menschen sich lieben oder nur gernhaben, oder?

Ich habe meiner Mutter von meinem Verdacht erzählt. Doch sie wollte es nicht wahrhaben und hat es schöngeredet. Sie hatte, glaube ich, Angst oder so etwas.

Jessica war jeden Tag bei uns, auch wenn mein Vater nicht arbeiten musste. Sie saßen immer auf der Couch und spielten

Karten. Es war jedes Mal nach der Schule ein beklemmendes Gefühl, nach Hause zu müssen. Manchmal, wenn ich um 16 Uhr Schulschluss hatte, dachte ich wirklich darüber nach, einfach nicht nach Hause zu gehen. Sondern an einen anderen Ort, an dem mich niemand finden würde.

Manchmal hat mich Julian nach der Schule nach Hause begleitet. Er ging mit mir in eine Klasse und wusste von meinem Verdacht. Er wollte mir helfen, weil er mich mochte. Er brachte mich oft zum Lachen, doch mein Vater konnte ihn nicht leiden. Irgendwann fanden wir durch Zufall eine SMS auf dem Handy meines Vaters, in der sich Jessica für den Tag und die schöne Nacht bedankte. Doch auch dies schluckte meine Mutter. Sie verstand mich nicht.

Eines Tages war ich bei Elena zu Besuch. Wir hatten viel Spaß zusammen und aßen Chips und Popcorn bei einem lustigen Film. Doch dann sagte die Uhr, dass es Zeit wäre, nach Hause zu gehen. Ich wollte jedoch nicht und Elena hatte die Idee, da es Wochenende war, dass ich bei ihr übernachten sollte. Ich rief meine Mutter an, die zögerlich zustimmte.

Am nächsten Tag kam ich nach Hause, um mit dem Hund Gassi zu gehen. Und wen traf ich da wohl an? Meinen werten Herrn Vater mit seiner Jessica. Sie saßen beide auf der Couch und spielten mal wieder Karten. Ich ging nach oben und sah, dass meine Mutter schlief. Einige Zeit später ging ich in ihr Zimmer, um ihr zu sagen, dass ich wieder da sei und mit dem Hund eine Runde durch den Wald spazieren würde, worauf sie mit Tränen in den Augen antwortete: „Wie konntest du mich nur alleine lassen?"

Ich war von mir selbst enttäuscht und wütend über ihre Aussage, da ich sie gestern Abend extra angerufen und gefragt hatte, ob ich bei Elena übernachten dürfe. Ich nahm Ben (unseren Hund) und ging mit Elena gemeinsam spazieren. Als ich nach zwei Stunden wiederkam, zog ich mich in mein Zimmer zurück und hörte laut Musik. So begann mein Hass auf mich selbst zu wachsen. Ich dachte oft darüber nach, ob ich an all dem schuld war.

Ein großes Hobby von mir war das Reiten. Das ist etwas Wunderbares. Ich hatte mich von Mal zu Mal verbessert und war echt stolz auf meine Fortschritte. Natürlich konnte es auch vorkommen, dass man vom Pferd fiel. Das gehört dazu, jeder gute Reiter ist schon mal unfreiwillig abgestiegen. So bin auch ich (nicht nur einmal) vom Pferd gefallen. Und trotz Schmerzen bin ich wieder aufgestiegen.

An diesem Abend holte mich mein Onkel vom Reitunterricht ab, weil meine Mutter arbeiten musste. Als sie am späten Abend nach Hause kam, berichtete ich ihr von meinem kleinen Unfall und teilte ihr mit, dass ich Schmerzen im Schulterbereich hätte. Doch sie meinte nur, ich solle mich nicht so anstellen. Also versuchte ich, den Schmerz zu vergessen, und ging ins Bett.

Doch auch am nächsten Tag waren die Schmerzen nicht verschwunden. Ganz im Gegenteil, sie waren sogar noch schlimmer. Ich bat meine Mutter, mich ins Krankenhaus zu fahren, doch sie hatte auch an diesem Tag viel zu tun und war gestresst. Ich pochte allerdings darauf und gewann die Schlacht. Im Auto kam es zum Streit, bei dem ich erfuhr, dass meine Oma einen weiteren Hirntumor hätte. Das machte mich sehr traurig und wütend, da meine Oma schon genug Krebs und Tumore in ihrem Körper zu bekämpfen hatte und zu diesem Zeitpunkt ihre Lebensdauer als sehr gering eingeschätzt worden war.

2007 – in diesem Jahr wurde ein Erzieher aus unserem Dorf wegen sexuellen Missbrauchs angeklagt. Ihm wurde vorgeworfen, 15 minderjährige Mädchen und Jungen belästigt und missbraucht zu haben. Daraufhin wurde das Kinderheim namens *Vogelnest*, in dem er gearbeitet hatte, geschlossen und die Pflegekinder wurden Pflegefamilien übergeben oder in ein anderes Kinderheim verlegt. Viele aus dem Dorf protestierten an besagtem Tag vor der Haustür des Erziehers. Die Kinder und Jugendlichen aus dem Heim bespuckten Polizisten und deren Autos. Sie waren aufgebracht und wütend über die Vorwürfe, denn sie wollten nicht aus ihrem gewohnten Umfeld weg. Ich war an diesem Tag im Kindergarten. Meine Mutter stand jedoch dabei und protestierte mit. Daher weiß ich das alles so genau.

Da auch ich teilweise im Vogelnest untergebracht war, wurde ich aufs Polizeipräsidium bestellt. Die Polizistin stellte mir sehr direkte Fragen und wollte etwas über einige sehr unangenehme Situationen wissen. Ich lächelte viel und verneinte die Fragen, die ich damals wahrheitsgemäß hätte beantworten sollen. Denn ich wusste ganz genau, dass das Nein gelogen war. Doch ich konnte nicht darüber sprechen. Ich wollte es nur vergessen. Ich war noch so klein und die Befragung war für mich schnell wieder vergessen. Zumindest dachte ich das ...

Und so kam etwas ins Rollen, das mich all die Jahre immer und immer wieder *überrollte*.

Die Maske

Manchmal ist die Maske ziemlich schwer auszuhalten. Und es kommt dir lange Zeit vor, als würde sie immer schwerer werden. Du fragst dich, wie lange du diesem Druck noch standhalten kannst. Es ist nicht einfach zu lachen, wenn du die ganze Zeit an deine Vergangenheit erinnert wirst. Ich meine, an seine Vergangenheit erinnert zu werden oder selbst zurückzublicken, ist, wenn man eine schöne beziehungsweise fröhliche, gute Vergangenheit hat, nicht schlimm. Man erinnert sich dann vielleicht sogar gerne zurück. Aber meine Vergangenheit gehört einem kleinen hilflosen und ängstlichen, teilweise aber auch fröhlichen und offenen Mädchen. Einem Kind, das voller Energie und Träume steckte. Dessen Zukunft noch weit vor ihm lag. Doch dieses Mädchen existiert nicht mehr! Es ist bereits tot! Gestorben durch Enttäuschung, Eiseskälte, Trauer, Unzufriedenheit und Kraftlosigkeit. Es ist ein innerlicher Kampf, den du Tag für Tag neu beginnst in der Hoffnung, irgendwann einmal zu gewinnen. Du lachst, obwohl du innerlich stirbst.

Auf die Frage „Wie geht es dir?“, antwortest du IMMER mit „Danke, mir geht es gut“, auch wenn du es nicht so meinst. Reden bedeutet Gefahr ... Die Gefahr lauert überall.

Ich hasse mein Leben und zugleich liebe ich es. Ich bin dankbar für alles, was ich habe, doch würde ich am liebsten einfach alles hinwerfen. Ich darf nicht reden, mit NIEMANDEM! Denn das ist mein Schutz.

Ich lebte so vor mich hin. Ging morgens in die Schule und kam abends spät nach Hause. Wenn mich meine Mutter fragte, was mit mir los sei, blockte ich ab. Ich rannte weg, weil ich dachte, dass dies die Lösung sei. Ich wollte nicht reden, mit niemandem. Ich kannte nur das Schweigen. Es schien fast so, als hätte ich Stück für Stück das Sprechen verlernt.

Als ich neun Jahre alt war, ist meine kleine Schwester verschwunden. Ich hatte panische Angst um sie, deshalb setzte ich mich aufs Fahrrad und suchte im ganzen Dorf nach ihr. Nichts!

Ich fuhr ein Stück in den Wald hinein, doch als ich einen dunklen Sprinter sah, begann ich zu zittern. Ich beobachtete Leute, die Angelgeräte aus dem Auto ausluden. Ich riss mein Fahrrad herum und fuhr in Windeseile wieder nach Hause. Ich dachte darüber nach, was ich getan hätte, wenn meine Schwester in diesem Auto gefangen gehalten worden wäre. Weg mit diesem Gedanken!

Als ich zu Hause ankam, brach ich zusammen. Ich verfing mich in einem Weinkrampf, konnte einfach nicht aufhören zu schluchzen. Meine Mutter hielt mich fest im Arm und beruhigte mich.

Nach einer gefühlten Ewigkeit kam meine Schwester von einem Spaziergang mit ihrer Freundin zurück. Ich war erleichtert und gleichzeitig irgendwie sauer.

Am nächsten Tag kam ich von der Schule nach Hause und verschwand direkt in meinem Zimmer. Ich war müde und wütend auf mich selbst, weil ich in der Schule mehrmals falsche Antworten gegeben hatte. Ich musste doch alles richtig machen, dachte ich. Ich wollte perfekt sein. Also funktionierte ich, setzte mich an meinen Schreibtisch und begann, Hausaufgaben zu machen. Der Druck in mir stieg, weil ich in der Schule die Hausaufgaben nicht fertig bekommen und so noch einen ganzen Stapel zu erledigen hatte. Ich rutschte beim Ausschneiden mit der Schere ab und verletzte mich aus Versehen ein kleines bisschen am Handgelenk. Es tat nicht weh, aber es blutete leicht. Ich bemerkte, wie mir innerlich leichter wurde. Der Schnitt tat auf irgendeine Art und Weise gut. Ich klebte ein Pflaster über die Wunde und machte weiter, als sei nie etwas geschehen. Meine Familie bemerkte nichts davon. Zu meinem Glück!

Der Druck zu Hause wurde immer schlimmer, weil meine Eltern immer häufiger stritten. In meinem Zimmer fühlte ich mich geborgen und irgendwie aufgehoben. Doch meine Mutter verstand dies nicht. An jenem Tag hatte etwas begonnen, dessen Auftreten sich mit der Zeit häufte, stets aus unterschiedlichen Gründen. Ich verletzte mich immer häufiger selbst und verlernte so das Weinen ...

Die Klinge

Unglaublich leer.

Niemand da, der meine Schreie hört. Niemand da, der mich hält, wenn ich tief falle. Bin innerlich tief, leer und kalt. Sehe keine Farben mehr. Alles ist grau und dunkel, schwarz! Meine Kraft ist aufgebraucht. Niemand da, der mich versteht. Ich greife zu meinem besten Freund: der Klinge. Sie ist da, wenn selbst der mir liebste Mensch meine Tränen nicht sieht. Hilflos und klein greife ich nach ihr. Sie gibt mir Halt, den mir sonst niemand geben kann. Sie trocknet meine Tränen und weint mit mir. Voller Selbsthass sehe ich zu, wie ich mich zerstöre. Ein kleines Stück noch und ich bin frei ...

Rote Tränen, bunte Narben zeichnen meinen kleinen Körper. Alles ist für einen kurzen Moment ganz weit weg! ICH bin ICH und muss mich nicht verstellen, weil niemand mein wahres ICH verstehen würde. Bei ihr kann ich ICH sein. Die Klinge, sie ist da, wenn ich mich verloren habe. Sie zeigt mir den Weg aus der Hölle hinaus. Sie gibt mir Kraft weiterzumachen. Sie war da, als mich mein ICH verlassen hat.

geschrieben 2009-2014

2010 zog mein Vater aus. Es war kein leichter Abschied, weil ich ihn trotz allem lieb hatte. Außerdem wurde ich noch mal zu einer Aussage vorgeladen. Doch auch zu diesem Zeitpunkt konnte ich nicht darüber sprechen. Ich wusste, es war falsch, weil es so oder so rauskommen würde. Doch ich schämte mich so sehr dafür.

Es tat weh! So sehr weh! Ich konnte nicht mehr schlafen. Ich hatte immer nur verschwommene Bilder vor Augen. Oder Bilder von Situationen, über die ich nichts Genaueres sagen konnte. Jedes Mal, wenn ich versuchte, davon zu erzählen, schien sich etwas in meinem Kopf zu verschließen.

Zu dieser Zeit hatte ich gerade mit einfachen Gesprächen in einer Beratungsstelle begonnen. Diesen Platz hatte mir die Sozialarbeiterin meiner Schule verschafft. So weit war es schon. Ich nahm den Druck mit in die Schule. Dort konnte ich irgendwann meinen Mund nicht mehr halten. Auch wenn ich trotzdem nach außen nicht zeigen konnte, wie es wirklich in mir aussah, bemerkten die Lehrer, dass etwas mit mir nicht stimmte. Meine Lehrerin kam immer öfter auf mich zu und versuchte, mit mir zu sprechen. Ich erzählte ihr von der Situation mit meinen Eltern und deren Scheidung. Doch auch ihr konnte ich von meinen Gefühlen und den verschwommenen Bildern nicht berichten.

Ein paar Monate darauf sprach mich meine Kunstlehrerin auf die Narben an meinen Armen an. Ich hatte für einen kurzen Moment nicht daran gedacht und meinen Ärmel hochgezogen. Anfangs blockte ich ab und wollte wegrennen, doch ich blieb und sagte: „Da habe ich mit meiner Katze gespielt." Doch die Kunstlehrerin glaubte mir nicht.

Ich wurde nervös, weil es mir unangenehm war. Ich erstarrte und nahm alles um mich herum nur gedämpft wahr. Ich schämte mich für mich selbst, weil ich nicht gut genug aufgepasst hatte. Ich erinnere mich an Worte wie: „Das war nicht deine Katze und auch kein Unfall. Das warst du selbst, oder? Du hast dich selbst verletzt." Ich habe ihr dann tatsächlich gestanden, dass ich mich selbst verletze, und mich hinterher darüber geärgert, weil ich ihr so viel Vertrauen geschenkt hatte. Doch sie hat niemandem etwas davon erzählt. Das fand ich richtig gut von ihr.

Immer wieder tauchten Gedanken auf, die ich weder verorten noch über sie sagen konnte, was sie zu bedeuten hatten. Wenn ich schlief, ließen mich Bilder hochschrecken und ich wachte schweißgebadet auf. Manchmal schrie ich auch. Oder wachte auf dem Boden auf. Es gab Abende, da weinte ich mich in den Schlaf. Mein Kuscheltier ganz nah bei mir. Doch selbst das konnte mir nicht helfen. Ich hasste und schämte mich so sehr dafür, dass ich nicht einmal wusste, was da genau war. Doch die Bilder schienen so real. Die Ungewissheit zerstörte mich. Sie war wie ein scharfes Messer, das sich immer tiefer in mich, in mein Leben hineinbohrte.

Und so verging einige Zeit.

Ich versank immer mehr in einer Welt, die ich mir selbst aufgebaut hatte. Einer Welt, in der all meine Träume und Wünsche real schienen. Ich begann zu schreiben, hörte dabei Musik und malte mir die schönsten Schlösser, in denen nur ich wohnte. Und meine Zaubertiere, die mich beschützten. Doch auch diese (Traum-)Welt zerbrach bald ...

Das Wiederkehren

Immer wieder fuhr T.T. morgens an meiner Bushaltestelle vorbei, grinste mich an und winkte mir zu. Ich war wie erstarrt und wusste nie, wie ich mich zu verhalten hatte. Anfangs winkte ich zurück, doch die anderen Jugendlichen, die morgens mit mir an der Bushaltestelle standen, verspotteten mich, und mit jedem Mal wurde es mir unangenehmer.

Eines Morgens hielt er an, stieg aus und ging einen Schritt nach vorn. Ich wollte schreien, doch ich bekam keinen Ton heraus. Ich rannte nach Hause und ging an diesem Tag nicht zur Schule.

Einige Wochen später kam morgens eine Kommissarin zu uns nach Hause und erzählte meiner Mutter von dem gefundenen Tagebuch eines Mädchens, mit dem ich während der Zeit im Vogelnest ziemlich gut befreundet gewesen war. In diesem Tagebuch standen ziemlich eindeutige Anspielungen, die darauf schließen ließen, dass auch ich ein Opfer jenes Erziehers gewesen sei. Die Kommissarin bat meine Mutter, mit mir sprechen zu dürfen, außerdem solle ich doch bitte eine Aussage machen.

Das war für mich eine komische Sache, denn ich wusste nichts von einem Tagebuch. Das Einzige, was ich zu jener Zeit hatte, waren entweder verschwommene Bilder oder derart reale Situationen, dass ich sie nur vergessen wollte. Und immer wieder die Bilder von IHM und Milena ...

Ich habe Milena oft aus komischen und eindeutigen Situationen herausholen können. Sie nannte mich einmal „Meine Retterin“.

Ich frage mich heute noch, wie man einem hilflosen Kind so etwas antun kann.

Die Befragung musste unterbrochen werden, da ich einen Nervenzusammenbruch hatte. Ich konnte nichts Genaueres sagen, außer dass er mit mir etwas getan hatte, was nicht rechtens schien. Es war, als hätte sich eine Blockade in meinem Kopf errichtet, die mir die Sicht verwehrte. Ich bekam Weinkrämpfe, zitterte am ganzen Körper. Doch ich konnte mir wirklich nicht erklären, was da genau gewesen sein sollte ...

T.T. war immer gut zu mir. Er gab mir Sicherheit und ich fühlte mich in seiner Gegenwart (eigentlich) immer sehr wohl. Ich mochte ihn. Heute würde ich sagen, dass er mich manipuliert hat, denn er sagte mir immer, ich wäre sein Lieblingskind. Doch was sich bei den Befragungen rausstellte war, dass nicht nur ich sein *Lieblingskind* gewesen war, sondern noch sehr, sehr viele andere Opfer. Ich war enttäuscht, weil ich immer glaubte, was er mir gesagt hatte. So auch, dass ich sein Lieblingskind sei. Als ich erfuhr, dass er nicht nur mich so genannt hatte, war das sehr verletzend. Denn damals hatte ich es zu Hause ziemlich schwer, fühlte mich oft alleine und einsam.

Ich versteckte mich tief in mir drin. Sodass ich mich selbst nicht mehr finden konnte. Wollte unsichtbar sein. War nur noch eine Hülle ohne Füllung. Leer.

Wo bin ich an einem Tag voller Regen? Gefallen, ohne Regung. Ohne irgendetwas zu spüren. Ohne zu wissen, wohin ich verschwinden werde.

Ich war voll. So voll, dass ich nur noch alles aus mir heraushaben wollte. Ich habe mir mal wieder diese Strichcodes in meinen Körper geritzt, weil ich die Person im Spiegel hasste. Die

Person, die ich da sah, das war nicht ICH! Diese Person machte mir Angst. Ich hasste sie.

Ich hatte mal wieder viel zu viel gegessen. Ich war so überfüllt mit Essen, Gedanken und Gefühlen, dass ich einfach nur noch leer sein wollte. So wie ich mich sonst auch immer fühlte: leer. Ich rannte ins Bad. Schloss die Tür hinter mir. Kontrollierte noch zweimal, ob sie auch wirklich verschlossen war. Und dann kam alles hoch. Das ganze Essen schoss aus mir heraus. Ich brauchte noch nicht einmal meinen Finger zu Hilfe zu nehmen. Ich spie alles aus mir heraus. Mein Essen, meine Gefühle und meine Gedanken. Ich wollte es einfach nur loswerden. Nichts mehr spüren. Nichts mehr denken.

Ich kann mich heute nicht mehr genau daran erinnern, wann es begann. Doch von da an tat ich es fast jeden Tag. Egal, ob in der Schule oder zu Hause. Ich wollte mich nicht so fühlen. Ich wollte anders sein. Ich entwickelte eine Art Ekel dem Essen gegenüber. Und doch aß ich, weil es sonst aufgefallen wäre. Ich schlang einfach alles in mich hinein. So wie ich meine Probleme runterschluckte. Niemand bemerkte etwas.

Doch dann begann ich, jeden Abend eine oder zwei Stunden Kraft und Ausdauer zu trainieren. Ich wollte dünn sein, anerkannt, geliebt und geschätzt werden. Einfach nur gesehen werden. Meine Mutter machte mir jeden Morgen ein Brot für die Schule. Doch das gab ich an Klassenkameraden weiter oder warf es weg. Ich wollte es nicht essen. Hunger zu haben fühlte sich schöner an. Doch nach einiger Zeit konnte ich es ausblenden. Es war nicht mehr so wie anfangs, es war schöner, denn ich wusste, ich brauchte es nicht.

11.05.2011

Heute war ich auf dem Kommissariat. Es war ein komisches Gefühl, weil mich die Kommissarin auf meine Narben angesprochen hat. Außerdem war komisch, dass die Seiten in dem Tagebuch teilweise übermalt worden waren. Vielleicht hat sich Milena dafür geschämt? Sie tut mir echt leid. Aber was ist mit mir? Was ist los mit mir? Warum habe ich angefangen zu weinen, als mir die Stelle vorgelesen wurde, die beschreibt, dass ich mit T.T. alleine in seinem Zimmer war? Was hat er mir angetan??? Bitte, lass es mich wissen. Bitte, hilf mir! Was hast du mit mir gemacht??? Warum ich? Was ist damals passiert?

Ich verstehe es nicht. Es tut weh!

Ich begann 2010 mit den Gesprächen in Beratungsstellen. Immer wieder bekam ich gesagt, dass mir niemand helfen könne. Dass ich zwar nicht alleine sei, aber sie könnten mir nicht helfen. Ich fühlte mich allein und abgelehnt. Ich redete mir ein, dass mich niemand haben wolle und ich besser mit all den Gesprächen aufhören sollte. Doch ich wollte weitermachen. Nicht aufgeben! Jedes Mal raffte ich mich auf und kämpfte weiter. Ich bekam Panikattacken oder Weinkrämpfe, wenn ich eine bestimmte Farbe sah. Und ich weinte mich jede Nacht in den Schlaf. Morgens war ich oft müde und erschöpft. Ich pendelte von Beratungsstelle zu Therapeut, immer wieder ... stets an einem anderen Ort, mit anderen Menschen.

Als ich schließlich auf eine Beratungsstelle in der Kaiserstadt stieß, konnte ich zum ersten Mal wirklich über meine Gefühle sprechen. Frau B.B., so nannte ich sie immer, wenn ich mit meiner Mutter über sie sprach, war eine superliebenswerte und sehr ehrliche Person. Sie gab mir Tipps und wir konnten über alles miteinander reden. Doch im Laufe der Zeit begann ich, die

Bilder schärfer und klarer zu sehen. Ich musste das Geschehene immer und immer wieder neu erleben ... und gab mich auf. Verletzte mich heftiger. Begann zu schweigen und lächelte artig, wenn mich jemand ansprach. Ich lernte, meine Gefühle, Bedürfnisse und Sehnsüchte zu unterdrücken. Wenn mich jemand kritisierte oder mit mir über Gefühle sprechen wollte, wurde ich wütend, rannte weg oder schrie herum. Ich war eine tickende Zeitbombe. Meine Mutter hatte jedes Mal ein ungutes Gefühl, wenn sie mit mir über Dinge reden wollte, sollte oder musste. Jede Sekunde konnte ich explodieren. WUMM! Es war irgendwann so schlimm, dass ich mich nicht mehr zu sprechen traute. Es tat mir selbst unendlich weh zuzusehen, wie verzweifelt meine Mutter meinetwegen und wegen der ganzen Situation war.

Es gab eine Zeit in meinem Leben, da mussten wir jeden Cent umdrehen und genau abwägen, ob das, was wir kauften, wirklich wichtig war. Wir, also meine Mutter und ich, saßen oft abends am Tisch und überlegten, wie wir das alles schaffen sollten.

Als dann am 17.03.2011 die Scheidung meiner Eltern durch war, war das irgendwie ein gutes Gefühl. Ich konnte nicht erklären wieso, aber ich wusste, von nun an gab es keinen Streit mehr. Und das war befreiend.

Weihnachten 2011

Weihnachten ist eine Zeit, in der man mit einem ganz besonderen Blick auf die Welt schaut. Ich bin jemand, der an Gerechtigkeit und Menschlichkeit festhält, auch wenn ich schon oft enttäuscht wurde. Trotzdem glaube ich an das Gute im Menschen und daran, dass es irgendwann Frieden gibt. Zumindest wünsche ich mir das.

Eigentlich mag ich Weihnachten nicht, weil viele Menschen immer nur dann über das glücklich sind, was sie im Leben haben. Oder sich über die Geschenke freuen. Ich finde, Weihnachten sollte jeden Tag sein, weil man seine Familie oder Freunde nicht nur an Weihnachten hat. Jeder Tag ist für mich ein Geschenk, das mir die Möglichkeit gibt, Menschen glücklich zu machen. Oder einfach mal damit zufrieden zu sein, was ich habe. Und dass es meiner Familie gut geht. Das ist für mich Geschenk genug.

Ich war glücklich darüber, dass wir alle gesund waren, genug zu essen hatten und in dieser schweren Zeit näher zusammengerückt sind, uns gegenseitig ein Lachen schenken konnten. Es war nicht wichtig, wie viel Geld wir hatten. Das Einzige, was zählte, war, dass wir alle zusammen sein konnten und uns gegenseitig auffingen.

Wir denken viel zu oft an das, was wir nicht haben, als uns an dem zu erfreuen, was wir haben. Wir wollen immer mehr. Und das kann einen richtig zu Boden werfen. Unsere Gesellschaft ist dabei, sich immer mehr in etwas zu verrennen, das wir nicht mehr stoppen können.

In jenem Jahr gab es bei uns keine Geschenke, weil wir kein Geld dafür hatten. Das war für mich nicht schlimm, denn ich war viel glücklicher darüber, dass ich mit meiner Familie zusammen sein konnte. Es war für mich nicht wichtig, wie viele Geschenke unter dem Baum lagen oder ob ich überhaupt etwas bekam, denn ich hatte meine Familie. Meine Mutter, meine kleine Schwester und meine Oma waren bei mir. Das war Geschenk genug.

Ich war immer stolz darauf, ein *großes* Mädchen zu sein, im Haushalt helfen zu können und meine Mutter etwas zu entlasten. Doch ich war nie zufrieden mit mir selbst. Ich wollte immer mehr machen, als ich konnte. War oftmals überfordert mit all den Gedanken ans Geld oder wie ich die Schule schaffen sollte, aber vor allem mit mir selbst. Ich sagte oft Dinge, die meine Mutter sehr verletzten, ebenso wie viele andere Menschen. Manche meiner Worte wurden oft zu Messern und heute bereue ich all die Sätze, mit denen ich auf Menschen losging, die mir sehr viel bedeuteten.

Das Tal der roten Tränen

Ich war wie abgekapselt von der Realität. Ich machte mich selbst nieder. Das konnte ich gut. Ich hasste mich so sehr. Mehr als meinen größten Feind. Ich dachte oft darüber nach, welch eine Last ich für meine Familie war und wie mich meine Mutter und all die Menschen um mich herum nur aushielten, weil ich mich selbst nicht mehr ertragen konnte. Ich war leer. Ich habe mich täglich verletzt, um zu spüren, dass ich noch am Leben war und nicht tot. Schmerz, das war das Einzige, was ich spüren, aushalten und ertragen konnte.

An meinem 13. Geburtstag habe ich fast meine ganze Klasse eingeladen. Ich war froh, so eine tolle Klassengemeinschaft zu haben. Wir hielten zusammen wie Pech und Schwefel. Doch seit längerer Zeit war ich schon depressiv und konnte nicht mehr richtig lachen. Ich hatte alles verlernt. Lachen, reden, weinen und auch schreien. Ich wollte raus aus mir und meiner traurigen Welt. Ich ging jeden Tag in die Schule mit dem Gedanken, alles zu beenden.

Als wir, meine Geburtstagsgäste und ich, in der Eishalle angekommen waren, war alles perfekt. Wir waren alle gut drauf und auch ich schien euphorisch. Selbst meine Mutter und mein Vater haben miteinander gesprochen. Es war sogar zu perfekt. Doch aus irgendeinem Grund schlug, wie so oft, plötzlich meine Stimmung um. Ich schrie herum, war völlig außer Kontrolle und verstand mich selbst nicht mehr. Ich zeigte meine Gefühle. Doch das verbot ich mir. Ich hasste mich selbst in diesem Augenblick, weil ich nicht mehr wusste, was los war. Ich begann zu weinen und wünschte mich weit weg. Meine Mutter verstand die Welt nicht mehr, auch sie hatte Tränen in den Augen. Ich wollte raus aus mir und einfach nur sterben. Ich wollte im Boden versinken und weg sein. FREI SEIN ... Und mit den Engeln fliegen!

Jeder neue Tag bedeutete einen neuen Kampf.

Jedes Mal, wenn mir die Tränen in die Augen schossen, versuchte ich, etwas zu trinken, denn so konnte ich die Tränen unterdrücken, einfach wegspülen. Ich erlaubte mir nicht, in der Öffentlichkeit zu weinen. Ich durfte niemandem zeigen, wie es mir ging. Also schluckte ich all die Trauer, Schmerzen, Erinnerungen, Gedanken und Bedürfnisse runter. Verbarg sie tief in mir drin. Ich war es nicht wert, gesehen zu werden. Ich wollte keine Last sein. Und auch kein Sorgenkind.

Geschrieben am 19.01.2013

Ich will nicht mehr das Mädchen sein, das ich bin. Möchte jemand anderes sein!

Jemand Lebendiges!!!

Ich habe mich am Boden zurückgelassen in der Hoffnung, es würde jemand kommen, der mir hilft. Doch es kam niemand. Ich habe mich selbst verloren. Trage Tag für Tag eine Maske in der Hoffnung, irgendwann würdet ihr mich durchschauen. Doch ihr blickt durch mich hindurch, als wäre ich eine offene Tür. Als wäre ich das Nichts. Doch ihr wisst nicht, dass ich Tag für Tag gegen mich selbst kämpfe ... dass ich mich so sehr hasse und meine Gefühle so stark sind, dass ich nicht einmal beschreiben kann, was ich gerade genau fühle. Ihr habt keine Ahnung, wie es ist, sich selbst sein ganzes Leben lang im Kampf gegenüberzustehen. In einem Kampf, der niemals endet, weil alles viel zu intensiv, real und anstrengend ist. Ihr habt keine Vorstellung davon, wie es sich anfühlt, SICH SELBST zu HASSEN und eiskalt zu geliebten Menschen zu sein. So hilflos und verzweifelt zu sein, dass man die einzige Lösung im Selbstmord sieht.

Ich habe schon oft gefleht und gehofft, dass mich irgendjemand sieht oder hört. Aber alle schaut ihr nur weg und hört nicht zu! Es tut verdammt weh!!! Und es kostet so viel Kraft, jeden verdammten Tag gegen meine Vergangenheit anzukämpfen. Es ist doch eigentlich nicht so schwer ...

Lea, geh da raus und lache! Sie werden es dir glauben. Wenn sie fragen: „Wie geht es dir?“, antworte mit „Gut, danke“. Du wirst sehen, sie werden dir jedes einzelne Wort abnehmen. Sag ihnen, wie schön diese Welt ist, und niemand wird heraushören, dass du missbraucht, geschlagen und getreten worden bist.

Zieht endlich eure rosarote Brille ab! ICH HASSE MICH SO SEHR, DASS ICH MIR DEN TOD WÜNSCHE!!!

Wenn ich abends alleine bin, alles ruhig ist und niemand mich hören kann, dann nehme ich die Klinge, setze sie an und ziehe sie durch ... Ich muss Blut sehen, den Schmerz fühlen, erst dann kann ich mich selbst spüren. Spüren, dass ich noch am Leben bin und nicht tot.

Setz die Maske auf, geh raus, verstecke das Monster, das in dir haust! Geh raus, niemand bemerkt etwas. Alles ist wie immer. Bin doch ein Mensch wie jeder andere auch ... eben nur mit Geschichte.

Worte sind etwas ganz Besonderes, sie sind verspielt und unberechenbar. Man kann sie brechen, sie verändern, andere damit verletzen oder sie als Waffe gegen den Feind benutzen.

Du siehst mir tagtäglich in die Augen, aber erkennst nie diejenige, die ich wirklich bin ... Sag ihnen, dass alles, was ich geglaubt habe, niemals wahr werden konnte. Dass mein Herz gebrochen ist und nichts meine Narben je heilen wird. Sag ihnen, es war die Realität, die ich nie verkraftet, nie verstanden habe. Sag ihnen, dass ich kraftlos und innerlich leer war. Dass ich Tag für Tag gegen mich selbst gekämpft habe – kämpfen musste. Ich habe nie verstanden, was ich all die Jahre vergebens versucht hatte zu verdrängen. Sag ihnen, dass ich versucht habe, mit meiner Vergangenheit abzuschließen, aber jedes Mal, wenn ich abschließen wollte, öffnete sie sich immer wieder aufs Neue. So werde ich immer wieder mit der Welt, den Menschen, die mein wahres Ich noch nie zuvor gesehen, kennengelernt haben, konfrontiert. Ich lebe mit etwas, das viele nicht kennen. Sag ihnen, dass sie (wie so viele andere auch) nicht nachvollziehen, nicht verstehen können, was in mir vorgeht.

JEDER MENSCH IST SEIN EIGENES GEHEIMNIS.

Und somit auch DU! In dir drin schlummern Seiten, die du nicht kennst oder noch nie wirklich realisiert hast. Achte auf dich selbst und du wirst sehen, vielleicht sogar fühlen, dass sich tief in dir drin etwas verändert. Erfahrungen, Menschen, Situationen, das sind alles Dinge, die dich zu dem machen, was du heute bist. Du kannst nichts dagegen tun.

Manchmal, wenn es wieder so weit ist und dich die Vergangenheit einholt, hast du Angst davor, wieder zu dem zu werden, was du einst warst. Auch mit diesem Teil von dir hast du deiner Meinung nach abgeschlossen, doch leider kann man sich so etwas nicht immer aussuchen.

Was ich damit meine ist: Wenn du etwas an dir selbst als böse oder schlecht bezeichnest, kannst du diese Seite an dir nicht wegwerfen oder abschneiden. Du musst dich selbst so akzeptieren, wie du bist. Du kannst dich und auch niemanden sonst verändern oder verzaubern, so wie du es gerne hättest. Aber du kannst beginnen, dich und deine Einstellung gegenüber dem Leben, der Welt zu verändern. Du musst lernen, mit dir zu leben, dich so zu akzeptieren, wie du wirklich bist! Denn dann fällt dir vieles leichter und du wirfst zufriedener.

Ich glaube, Veränderung ist erst dann möglich, wenn man richtig unten ist. Wenn man so zerstört ist, dass man verzweifelt und hilflos am Boden kauert. Wenn man aufgeben will. Wenn man mit allem abschließen will, weil man gefangen ist in dieser lebendigen Hölle. Wenn man so leer ist, dass selbst Tränen nicht mehr fließen können. Wenn man so am Ende ist, dass es einem egal ist, ob man geht oder elendig krepiert. Wenn die Seele schreit und das Herz nicht mehr aufhört zu bluten.

Ich glaube, erst dann ist es möglich, sich selbst einzugestehen, dass man Hilfe braucht. Dass man so weit unten angelangt ist, dass man nichts mehr zu verlieren hat. Egal, was kommt, das Leben oder der Tod.

ENDLOSER HASS, ENDLOSE WUT:
DAS EINZIGE, WAS BLEIBT:
SCHMERZ, DER NIEMALS ENDET!

Hass hin,
Hass her,
überall trübt er schwer.
Lässt dich oft nichts spüren
und führt dich auf seinem altbekannten Weg.
Hasse mich,
hasse dich,
oben, unten,

manchmal bleiben Wunden.
Ob im Herzen, auf der Seele oder meinem Körper.
Doch Worte lassen dich erstarren,
Worte schallen in deinem Ohr.
„Danke, Welt. Du zeigst mir, wie wenig ich wert bin!"
Mal schlägt dein Herz schneller
und mal drehen deine Gedanken ab ...
siehst dann keine Grenzen mehr.
Der Hass lässt dich nichts mehr spüren.
TIEFE LEERE.
Dissoziiert oder vielleicht besser desorientiert?
Hasse es zu hassen,
trotzdem ist er da.
Der Mut dich oft verlässt
und die Kraft dir die Nerven raubt.
HASSERFÜLLT!
Hass. Was ist das?
Ein Gedanke,
ein Gefühl,
bin innerlich ganz kühl.
Sehe nicht das, was mich hält,
sondern eher das, was mich quält.
Alles EGAL!
Zittern,
klappern,
kann nicht reden, träum vom Fliegen ...
Möchte rennen
weg von hier!
Sprachlos in Gedanken treibe ich durchs Universum.
Kann nicht vergessen, nur verzeihen.
Niemand die Worte hinter meinen Taten versteht ...
So bleibt Stille.
Gedanken kommen, Träume gehen.
Hab nichts, um festzuhalten,

keinen Grund mehr hierzubleiben.
Schwerelos greife ich in die Kälte des Nebels,
werde also weiterschweifen,
weiter nach dem Nichts hier greifen?
Gedankenlos gedacht.
Gehasst, ohne Hass zu spüren,
so kommt alles einmal zurück.
Tränen rollen, Augen glänzen.
Das Herz weint und Leid bleibt.
Weiterhin Blicke meiden und Scherben finden.
Sie bemerken, wie schlecht es mir geht.
Doch Mann, es tut so weh!
Reden fällt schwer.
Haltlos, kraftlos kämpf ich weiter.
Nicht aufgeben! Weitermachen!
Vergiss dabei nicht zu lachen. Hörst du?
Lachen musst du!
Doch es fällt schwer.
Jede Träne gefriert.
Den Mut verloren, Kraft zu schöpfen ...
Verzweifelt!
Ich schreie, doch niemand hört mich!
Ich weine, doch niemand sieht meine Tränen,
weil ich rote Tränen weine.
Kann es nicht lassen, beginne zu hassen.
Meine Augen, reglos ...
Meine Worte ohne Bedeutung.
Vielleicht ist das Glück nur für andere bestimmt?
Alleine, einsam sitze ich hier und warte darauf,
dass jemand kommt.
Bin im freien Fall abwärts ...
Aus Liebe wird Hass.
Aus Schmerz werden Narben.
Narben, die man nicht sieht.

Narben, die niemand fühlt.
Abgegrenzt!
Verschanzt hinter einer Mauer aus Leere.
Niemand kennt mich!
Niemand sieht mich!
Keiner kennt mein wahres Ich ...
Wenn die Sonne den Horizont verlässt und die Nacht anbricht,
wird für mich die Nacht zum Tag.
In der Dunkelheit erwache ich,
erwacht das Monster, das mich steuert.
Niemand kann es sehen. Noch nicht einmal ich.
Es lässt mich nur spüren, was niemand kennt.
Liebe wird Hass und Hass geht gegen mich.
Habe keine Wahl. Der Druck steigt an.
Kann keine Träne weinen.
Stolziere hin und her. Von einem auf das andere Bein.
Hin und her! Auf und ab!
Kraftlos, machtlos steh ich da.
Schaue in den Spiegel. Das Mädchen: Es weint.
Seine Augen sehen traurig aus.
Möchte ihm helfen, doch kann es nicht.
Denn das Mädchen da, das bin ich.
In mir drin ist es kalt.
Träume mich weit weg. Möchte gehen. Weit fort von hier.
Einfach weg. Einfach frei sein. Niemand da, der mich hält.
Niemand, der mich auffängt. Wieder stehe ich alleine da.
Großer Hass. Frustration. Nichts, das mir beim Atmen hilft.
Falle einfach schwerelos. Nichts, das mich hält.

Dieser eine Moment, wenn du morgens aufwachst und denkst:
„Bleib besser liegen."
Dieser Moment, wenn dir bewusst wird,
dass nichts für immer bleibt.
Dieser Moment, wenn du vor Freunde weinst.

Dieser Moment, wenn du dich selbst niedermachst.
Ich hasse mich.
Ich wollte niemanden verletzen. Doch manchmal tut man dies, um selbst nicht verletzt zu werden.
Wenn man Angst vor morgen hat, weil die Gedanken weite Kreise ziehen und niemand sieht, wie schön die Blumen blühen.
Doch selbst der stärkste Mensch gibt irgendwann auf.
Indem er wieder aufsteht!
Weiterkämpft! Denn Last bleibt niemals aus.
Sah im Leben niemals einen Sinn. Bin geprägt vom Leben.
So gehe ich dem Schicksal entgegen. Hab Erfahrungen, die mancher Erwachsene noch nie gemacht hat.
Bin schräg drauf, setze die Maske auf.
Niemand versteht, wovon die Geschichten handeln, denn ihr lest nicht zwischen den Zeilen.
Mach die Augen auf, versperrter Sinn, wo bin ich hin?
Bin nicht hier, bin nicht dort. Bin an einem anderen Ort.
Kann nicht sagen, was mich bewegt.
Denn ich bin geprägt vom Leben!
Lag nächtelang wach. Hab tagelang geweint.
Lachen verlernt und hart gekämpft fürs Überleben.
Schreibe heute an die Wand, das ist mein Wunderland!
Es gibt gute und auch schlechte Tage.
Doch manche beginnen gut und hören schlecht auf.
Keine Aussicht in Sicht. So kurz davor ...
War schon so kurz davor, aufzugeben ...
Wollte weit weg.
Einfach nur weg.
Verfalle in Träume ... Leben verfällt.
Der Halt schreitet dahin.
Nichts gibt mir mehr Trost.
Einfach auf und davon! Weit weg von all dem, was mich ausmacht. Weit weg von hier, weit weg von dir. Von morgen und von allen Sorgen.

Möchte entfliehen ...
das Messer in der Hand, falle gegen die Wand.
Kann es nicht lassen, kann es nicht fassen.
Lass mich fallen in die Tiefen des Meeres.
Doch wer fängt mich jetzt auf?
Wer hält mich auf?
Bin die Nacht wach geblieben. Habe Wörter geschrieben ....
Wörter, die niemand hier kennt!

geschrieben 2013

Am 31.01.2013 beschloss ich, all das Leid zu beenden. Ich sagte mir, dass, wenn ich nicht mehr hier sei, alle glücklicher wären, weil ich nichts mehr auf die Reihe bekam. Ich brachte meine Mutter zur Verzweiflung. Ich wusste selbst nicht mehr, was ich glauben sollte oder nicht, denn die Bilder der Vergangenheit wurden immer klarer. Und immer wieder überkamen mich Panikattacken. Ich war so tief gesunken, konnte und wollte nicht mehr. Ich wollte all diesen untragbaren Schmerz ein für alle Mal loswerden und endlich mit allem abschließen. Ich wollte ein anderes Leben haben. Ich dachte, wenn ich jetzt ginge, dann wäre alles vorbei. Dass dies die Lösung sei.

Ich war verzweifelt, traurig und stieß all die Menschen, die mir am nächsten standen, eiskalt von mir. Ich hatte verlernt, mit mir und der Situation umzugehen. Ich sagte zu mir: „Wenn du das jetzt tust, dann ist alles vorbei!“

Ich dachte nicht wirklich darüber nach, wie es wohl für meine Familie, Freunde oder Außenstehende sein könnte, sondern tat es einfach. Ich nahm meinen Spitzer, baute ihn auseinander und schluckte die darin befindliche Klinge. Ich trank so viel, bis sie nach unten gerutscht war. Dann spürte ich, wie es in mir drin warm wurde. Genau in diesem Moment wurde mir klar, was ich da tat. Ich sah mein Leben an mir vorbeiziehen und für einen kurzen Moment schien es, als würde die Erde sich nicht mehr drehen.

Ich setzte mich auf mein Bett und dachte darüber nach, was gerade passiert war. Währenddessen wurde mir schwindelig und ich beschloss, es meiner Mutter zu sagen. Leise ging ich nach unten. Meine Mutter war noch wach. Ich sagte ihr, dass ich ins Krankenhaus müsse, weil ich etwas Schlimmes getan hätte. Ich berichtete ihr alles und anschließend fuhren wir ins Krankenhaus. Ich glaube, sie konnte gar nicht richtig realisieren, was da passierte. Im Auto weinten wir beide. Sie nahm meine Hand und sah mich an. Ich machte mir Vorwürfe und schämte mich sehr.

Als wir im Krankenhaus ankamen, begann meine Mutter, hysterisch herumzuschreien, und verfiel in einen Weinkrampf. Prompt stürmten mehrere Ärzte auf mich zu und fragten, was denn los sei. Ich bekam keinen Ton heraus, war wie gelähmt und mein Magen schmerzte. Als ein paar Sekunden vergangen waren, berichtete meine Mutter ihnen, was ich getan hatte, und plötzlich begannen die Ärzte, unruhig und hysterisch auf mich einzureden.

„Wie kannst du so etwas tun?“
Oder:
„Mädchen, was machst du denn?“

Sie griffen sich an die Köpfe, schauten mich an, als wäre ich unsichtbar. Ihre Blicke trafen mich, als wäre ich ein Alien. Sie konnten mich nicht dort behalten, weil ich zu jung war. So wurde ich mit dem Sanitätsauto in ein spezielles Kinder- und Jugendkrankenhaus gebracht. Auch dort waren die Ärzte perplex und appellierten an meine Vernunft.

Als ich aus dem Behandlungszimmer hinausgefahren wurde – ja, ich saß im Rollstuhl –, hörte ich einen Streit im Flur. Mein Vater war gekommen. Und prompt gab es wieder Streit. Ich war traurig und wütend. Ich fragte mich, was er im Krankenhaus zu suchen hatte. Ich wollte nicht, dass er da war. Ich wollte allein sein. Ganz allein! Nur ich. Sonst niemand. Doch meine Mutter blieb die Nacht über da.

Als ich am frühen Morgen unsanft von einer gellenden Stimme geweckt wurde, saß mein Vater schon vor meinem Bett. Ich war stinksauer. Auf mich, meine Eltern und auf alles und jeden. Ich hasste die ganze Welt.

In dieser Nacht kamen all die bösen Gedanken, all die Erinnerungen an den Schmerz, den mir andere Menschen oder auch ich selbst mir zugefügt hatte, wieder hoch. Ich wollte nicht abschließen mit der Person, die ich nicht mehr war, sondern mit der Person, die ich durch all die Erfahrungen, die das Leben mit sich brachte, geworden war. Der Schmerz war nicht mehr allein das, was mich all die Zeit am Leben gehalten hatte, sondern eher das, was mich zu der Person gemacht hatte, die ich geworden war. Schmerz, Tränen, die ich irgendwann nicht mehr weinen konnte, weil ich leer war. Die Ablehnung, die ich tagtäglich durch Handlungen oder Worte zu spüren bekam. Von Menschen, die mich beschimpften, die mir Messer in die Brust stachen und mich mit geballten Fäusten zu Boden warfen. All das kam hoch. Ich war mir selbst nichts mehr wert!

Ich bezeichnete mich als nutzlos und wertlos. Ich wollte nicht mehr diese Hülle sein, die nur noch Lea hieß, weil es eben ihr Name war. Ich wollte genauso sein wie alle anderen in meinem Alter. Ich wollte cool sein und dazugehören, ohne darüber nachdenken zu müssen, was ich sagen sollte, um nicht als besserwisserisch zu gelten. Denn das war ich. Manchmal zumindest. Aber meist wenn ich etwas besser wusste, dann war dies tatsächlich so und ich sagte es nicht nur, weil ich immer recht haben wollte. Ich wollte geliebt werden. Ohne verletzt zu sein. Ich wollte verstanden werden, ohne mich rechtfertigen zu müssen, warum ich so reagierte, wie ich es eben tat. Ich wollte anerkannt werden und so sein können, wie ich war.

Verletzlich, gebrochen, leer und ohne Lebensmut.
Ich wollte nicht, dass mich jeder als krank bezeichnete.
Jeder sieht die Narben, doch keiner kann es verstehen.
Sie lacht, obwohl sie innerlich weint. Sie schreit schweigsam in die Stille hinein. Gezeichnet von der Vergangenheit. Sie weint trockene Tränen. Und trägt ihre Geschichte auf ihrem Körper. Doch niemand versteht sie. Denn sie ist anders als all die anderen.
Ihr Blick ist leer und starr. Doch was sie nicht wissen ist:
Sie hat Angst.
Vor dem Mann, der an der Straßenecke steht.
Vor ihrem Spiegelbild und davor, dass es jeden Abend dunkel wird in ihrem Zimmer, in das sie nicht gerne allein geht.
Wenn die Leere sie erdrückt, dann tut sie es ...
Wenn sie nichts mehr spürt oder die Wut sie zum
Monster werden lässt.
Wenn sie alleine und wertlos ist,
dann tut ein Schnitt nicht weh.
Dann ist er ein Stück Erlösung.
Befreiung und Wieder-atmen-können.
Dann ist es ihr Schlüssel zurück zur Realität.
Zu einem neuen Tag zwischen Vergangenheit und Gegenwart.
Sie hat es schon so oft getan.
Gehofft, gebetet und versucht, etwas anderes zu finden.
Nach einem anderen Schlüssel, der sie nach draußen führt.
Doch ihre Seele schmerzt so sehr.
Drum weint sie trockene Tränen.

Und ihre Stimme bleibt stumm.
Eine Träne in Form von Blut. So kann sie weinen.
Es ist schwer zu verstehen, doch jede Narbe auf der Seele ist tiefer, als ein Messer je schneiden könnte. Der Schnitt ist nur ein geringer Teil, um den eigentlichen Schmerz zu überdecken. Erträglicher zu machen.

Um mit dem eigentlichen Schmerz umgehen zu können.
Eine Art Ventil, um die eigentliche Wunde zu verdecken.
Eine Narbe, die nie heilt, ist ein Erlebnis, das immer im Gedächtnis bleibt.
Eine Erinnerung an ein Ereignis, das man krampfhaft versucht zu vergessen. Zu verdrängen, um zu atmen.
Doch es bleibt präsent und immer in der Nähe, um im richtigen Moment alte Wunden aufzureißen und neue zu säen.

geschrieben 2015

Die Nacht ist kalt, der Regen warm.
Weinend lag ich in deinem Arm.
Dachte, es wäre schon vorbei,
doch du warst immer für mich da.
Das Leben, es wäre fast zu Ende gewesen.
Tränen der Sorge sind bei dir geflossen.
In dieser Nacht war es geschehen, ich wusste,
was ich da tat, war nicht gerade schön.
Doch vielleicht wirst du mich eines Tages ja verstehen.
Bitte, nimm diese Schreie ernst, sonst endet das nicht gut.
Mir fehlte nämlich jeglicher Mut.
Ich trug eine Maske, die niemand sah,
doch schaffte ich es einmal, dir mein wahres Ich zu zeigen,
schleudertest du mich wieder in den Dreck.
Ich hasste mich so abgrundtief!
Mann, was läuft in meinem Leben schief?
Habt doch alle keine Ahnung!

Versteht es nicht, was es heißt zu leben.
Worte nehmt ihr eh nicht ernst.
Also, wozu muss ich dann noch leben?
Wozu kämpfen, wenn ich keine Kraft mehr habe?
Wenn du keinen Grund hast zu bleiben,
ist das der beste Grund zu gehen ...

Das habe ich in der Nacht geschrieben,
in der ich eingeliefert worden bin.

Ich war etwas über eine Woche im Krankenhaus. Es war eine für mich sehr lange Zeit. Die Tage und Nächte zogen sich dahin. Und zum ersten Mal blieb mein Vater bei mir. Ich dachte, ich würde ihm etwas bedeuten, doch nach der Woche brach der Kontakt wieder komplett ab.

Ich dachte viel nach und sah diesen Schritt als einen Absprung in eine andere Richtung.

Meine behandelnde Ärztin meinte kurz vor meiner Entlassung, dass ich eventuell in eine Psychiatrie sollte. Doch meine Eltern und ich waren dagegen. Ich wollte es alleine schaffen. So wie (fast) immer. Aber mit der Zeit wurde mir klar, dass man nicht immer alles alleine machen kann und man auch mal Nein sagen muss. Doch das konnte ich zu dem Zeitpunkt nicht. Ich wollte keine Hilfe.

Die Zeit verging ... Wochen, Monate. In der Schule wurde ich immer schlechter. Schrieb nur noch Fünfer und Sechser. Das motivierte mich nicht gerade. Phasenweise war es der Fall, dass meine Stimmung abrupt von himmelhoch jauchzend bis zu Tode betrübt umschlagen konnte, ebenso umgekehrt. Ich konnte nichts dagegen tun, nicht einmal einen Grund dafür nennen.

Viele meinten, es würde an der Pubertät liegen. Ich fühlte mich allein gelassen und hilflos. Ich stand manchmal einfach da und begann zu weinen. Doch wenn mich jemand nach dem Grund fragte, konnte ich keinen nennen, weil ich eigentlich keinen Grund zum Weinen hatte.

Mein Leben ist wie eine Achterbahnfahrt. Auf. Ab. Immer so weiter ... und ich kann nichts dagegen tun.

Heute *(2015)* ist das immer noch so. Aber nicht mehr so extrem. Und selbst wenn ich Stimmungsschwankungen habe, dann akzeptiere ich diese. Weil ich weiß, dass ich nichts dagegen tun kann. Die Menschen, die mich gut kennen, nehmen diese Tatsache hin, finden manchmal sogar aufmunternde Worte oder bringen mich zum Lachen.

Ich suchte wochenlang nach einer Psychiatrie. Erst telefonierten meine Mutter und ich die Kliniken in der Umgebung ab. Doch niemand wollte mich haben, weil ich auf eine geschlossene Station sollte, und zwar deshalb, weil ich sehr instabil war und die Chancen, wieder Suizidgedanken zu bekommen, sehr hoch waren. Wir hangelten uns von einer Klinik zur nächsten. Doch lange Zeit schien alles aussichtslos.

In einigen Kliniken hieß es, sie würden nur Privatpatienten nehmen. Doch ich bin nicht privat versichert. Es war ein ständiges Warten auf eine Zu- oder Absage. Es war nervenaufreibend und sehr mühsam. So schrieben wir Kliniken in anderen Bundesländern an. Sie waren nicht verpflichtet, mich aufzunehmen, aber einen Versuch war es wert. Die meisten lehnten ab.

Es gibt nicht sehr viele Kliniken, die auf Psychosomatik spezialisiert sind. Da ich immer wieder mit Traumata zu kämpfen hatte, empfahl mir meine damalige Therapeutin, eine Traumatherapie zu machen. Und das ging eben nur in einer Klinik, die auf Psychosomatik spezialisiert war. Also ging die Suche weiter.

Ende März stieß ich dann auf eine Kinder- und Jugendpsychiatrie im Saarland. Wieder ein anderes Bundesland. Meine Mutter rief gleich dort an. Der leitende Therapeut der Station, die für mich infrage kam, war sehr nett am Telefon und sagte, dass er das mit seiner Chefin besprechen müsse und sich danach wieder bei uns melden würde. Also hieß es wieder mal warten und Daumen drücken. In dieser Zeit suchte ich trotzdem weiter nach anderen Kliniken.

Ein paar Wochen darauf rief uns die KJPP (Kinder- und Jugendpsychiatrie und Psychosomatik) an und teilte uns mit, dass ich in zwei Wochen zum Erstgespräch kommen könnte. Ich war sehr erleichtert und auch meiner Mutter fiel ein großer Stein vom Herzen.

Am 3. April hatte ich den Termin zum Erstgespräch. Es war aufregend. Ich war zuvor noch nie in einer Psychiatrie gewesen und sehr gespannt darauf, wie es dort wohl aussah. Ich dachte bis zu diesem Zeitpunkt immer, nur Verrückte kämen dorthin. Was ich im Nachhinein allerdings nicht mehr bestätigen kann. Das ist völliger Humbug!

Die Therapeutin, die meine Mutter und mich empfing, um mit mir einige Tests und Protokolle zu durchlaufen, war sehr nett. Trotzdem hatte ich etwas Angst und war deshalb sehr zurückhaltend. Wir begaben uns nach oben in die Testräume und so konnte ich einen kleinen Blick auf die Stationen werfen. Es war irgendwie lustig. Lauter Jugendliche und Kinder, die Tischkicker spielten, miteinander lachten und sich quer über die Flure laut unterhielten. Viele begrüßten die Therapeutin und auch mich. Das war ein positives Zeichen, fand ich.

Während der Tests, in denen sehr ungewöhnliche Fragen drankamen, fühlte ich mich nach und nach immer wohler. Die Klinik lag mitten im Wald und aus jedem Fenster blickte man auf Bäume und Blumen. Oder einen Spielplatz, der hinter dem Haus lag. Meine Mutter sah sich, während ich beschäftigt war, die Umgebung an. Den Wald und das Klinikgelände. Es war wunderschön, wie es so mitten in der Natur lag.

Wir hatten noch ein paar weitere Termine, in denen es um verschiedene Dinge ging, dann wurde ich auf die Warteliste gesetzt. Wartelisten sind echt doof! Es dauert meist monatelang, bis ein Platz frei wird. Egal, ob bei einem Psychologen oder Psychotherapeuten. Oder eben in einer Klinik ...

Sommer 2013

Es war Juli. Die Ferien begannen und ich wusste, jederzeit konnte die Klinik anrufen und mir mitteilen, dass ich kommen sollte. Es war irgendwie ein beklemmendes, unsicheres Gefühl zu wissen, dass ich eine Zeit lang nicht zu Hause sein würde. Ich meine, dies war ein völlig neuer Schritt, der mich in eine andere Richtung führen würde. Ich war skeptisch, ob es mich weiterbringen konnte. Ob ich den Kampf in Kauf nehmen wollte oder ob ich aufgeben würde und somit verlor ...

Am 15. Juli 2013 war es schließlich so weit: Ich durfte in die Klinik. Ich war auf der einen Seite froh, endlich nicht mehr allein sein zu müssen. Aber auf der anderen Seite wusste ich, dass sich vieles in nächster Zeit ändern würde. Mir war klar, dass jetzt die Zeit gekommen war, in der man mir eine Karte in die Hand gab, anhand der ich entscheiden durfte, wo die Fahrt hinging.

Als ich nach einer guten Stunde Fahrt angekommen war und

die Luft des Waldes roch, war ich irgendwie erleichtert. Viele neue Eindrücke überfluteten mich. Meine Mutter und ich begaben uns auf Station, wo man uns schon erwartete. Das Aufnahmegespräch, bei dem eine Akte von mir angelegt wurde, dauerte nicht sehr lange. Auch alles andere verging für mich wie im Flug. Die Betreuer begrüßten mich sehr herzlich. An diesem Tag war sehr viel los auf der Station. Eine Gruppe kam gerade von einer Kajaktour zurück. Sporttherapeuten und Betreuer stürmten das Dienstzimmer, um Schlüssel, Erste-Hilfe-Koffer und andere Gegenstände an ihren Aufbewahrungsort zurückzustellen. Es war alles sehr neu für mich. Immer wieder tauchten die Gesichter von Patienten in der Dienstzimmertür auf. Man konnte hören, wie sie sich miteinander unterhielten.

„Ist das die Neue?"

Oder: „Schau mal, die hat ja rote Haare."

Ich fand es irgendwie lustig.

Als wir mit allem fertig waren, wurde mir ein Zimmer zugeteilt. Es war ein Raum mit zwei Betten, die jeweils an der rechten und linken Wandseite platziert waren. Über den Betten hing eine Pinnwand. An der meiner neuen Zimmergenossin waren viele Poster und Bilder aufgehängt.

Ich begann gerade, das Bett zu überziehen, als diese plötzlich die Tür aufriss und mit erhobener Stimme sagte: „Du musst Lea sein, oder?"

Meine Mutter grinste, während wir uns die Hand zur Begrüßung gaben.

Zum Abschied, der zum Glück nicht für immer war, umarmte ich meine Mutter und bat sie, am Abend zur vorgegebenen Telefonzeit noch mal anzurufen. Was sie auch tat. Es war hart zuzusehen, wie meine Mutter ins Auto stieg, das Gelände verließ und wieder zurück nach Hause fuhr. Ich war traurig, aber auch neugierig darauf, wie die anderen so waren.

Tatjana, die meine Mitbewohnerin war, versuchte mich zu trösten. Sie erzählte mir, dass es in der Klinik nicht schlimm sei, wie lange sie schon hier wäre und wie es ihr anfangs gegangen sei.

Der neue Weg

Ich war schüchtern, zurückhaltend und auch etwas ängstlich. Anfangs. Denn ich ließ mich auf etwas völlig Neues ein. Auf eine Reise mit vielen Bergen, die ich zu besteigen hatte. Eine Reise, die mir zeigen sollte, dass es nicht nur das Schlechte oder das Böse gab, sondern wie viel Schönes auf dieser Welt außerdem existierte. Ich hatte meinen Rucksack gepackt und die Wanderschuhe mitgenommen. Im Schlepptau eine ungenaue Karte ohne Ziel und mit verschwommenen Konturen.

Auf der Station gab es viele Regeln. Was sehr wichtig ist, wenn viele Menschen auf engem Raum zusammenwohnen. Der Tag begann mit einem sanften Wecken. Vor dem Frühstück trafen sich alle im TV-Raum, der einem Wohnzimmer ähnelte. Dort setzten wir uns zusammen und jeder suchte sich ein sogenanntes Tagesziel aus. Dies sollte uns helfen, Dinge zu erledigen, die uns schwerfallen. Wie zum Beispiel auf sich selbst zu achten. Oder sich von der Gruppe abzugrenzen. Dann war Frühstückszeit. Um 7.40 Uhr begann die Schule.

Wenn wir mit dem Frühstück fertig waren, war meist das Erste, was wir taten, einen Blick auf unseren Plan zu werfen. Jeder hatte eine Spalte, in der die Therapiestunden standen. Wie zum Beispiel ET (Einzeltherapie), Körpertherapie-Skills-Gruppe, Achtsamkeitsgruppe, Kreativtherapie, Skills-Gruppe und vieles mehr. Jeder hatte seine ganz eigenen Termine. Natürlich gab es auch Gruppentherapien. In diesen Stunden teilten wir unsere Pläne miteinander oder andere Gedanken, Themen, die uns beschäftigten. Wir lernten völlig neue Methoden kennen und setzten manche sogar direkt um. Ich habe zudem eine Verhaltenstherapie gemacht. Genannt wir sie DBT-A (Dialektisch-Behaviorale Therapie für Adoleszente).

Ich war anfangs etwas skeptisch und hatte Bedenken, ob mir der Aufenthalt wirklich helfen würde. Doch ich hatte eine ganz tolle Therapeutin, die Fee hieß, und fand mich recht schnell in den Alltag ein. Außerdem kam ich gut mit allen auf der Station klar. Es fiel mir anfangs schwer, mich nicht mehr selbst zu verletzen. Doch ich lernte viele Alternativen dazu kennen. Es gab mir Kraft zu wissen, dass ich nicht allein war mit diesem Problem. Und ich konnte zum ersten Mal wieder im T-Shirt herumlaufen, ohne dass mich jemand auf meine Narben ansprach oder draufstarrte. Das war echt cool. Ich wurde so akzeptiert, wie ich war. Musste mich nicht verstellen.

Nach den ersten sechs Wochen kannten mich die Betreuer und auch meine Therapeutin ziemlich gut. Immer wieder holte mich meine Vergangenheit ein. Immer wieder tauchten die Gefühle auf. Doch ich wusste, dass ich so sein konnte, wie ich wirklich war. Und trotzdem konnte ich nicht immer ich selbst sein. Ich habe oft gekämpft, dass ich nicht falle. Dass ich mich nicht runterziehen lasse von den Gedanken an den Tod oder an das, was mir dieser Mann angetan hat. Ich durchlebte die Hölle. Immer und immer wieder.

In der DBT war es nicht so schlimm. Natürlich kam da auch manchmal alles hoch, das kann man nicht wirklich vermeiden. Man kann nur versuchen, das Gelernte umzusetzen, man kann dagegen ankämpfen. Und genau das habe ich getan. Ich habe die DBT als eine Art Stabilisierung gemacht, bei der man lernt, mit Gefühlen umzugehen. Sich abzugrenzen und auf sich zu achten. Man lernt Verhaltensweisen kennen, die einem dabei helfen, die Kontrolle zu bewahren und einen Ausraster zu verhindern.

Die Station

Auf der Station ging es mal wieder heiß her. Es war erst 15 Uhr, doch es kam eine Krise nach der anderen. Wir saßen auf dem Flur, in der *Lichtbucht*, die eine Art Gemeinschaftsort war. Dort konnte man Tischkicker oder Karten spielen oder malen. Die Stühle hatten wir auf den Flur gestellt. Wir waren jedoch so viele, dass die Stühle nicht reichten, die in der Lichtbucht standen. Also nahmen einige von uns Kissen, die auf dem Schrank neben dem Tisch lagen, und setzten sich auf den Boden. Die meisten hatten die Zimmertüren offen und eine Patientin machte Musik an. Nach den ersten zwei Liedern, die ich nicht kannte, machte Dominik den Vorschlag, dass wir doch einfach so was singen könnten. Also fing er an. Dominik liebte Schlager, was hat er da wohl angestimmt? Natürlich einen Schlager. In voller Lautstärke.

Während er so durch die Station stolzierte, mit einem Lineal in der Hand, als wollte er uns dirigieren, hetzten die Betreuer ständig über den Flur. Und wir mittendrin. Es war sehr hektisch. Ich fühlte mich irgendwie allein, weil niemand wirklich Zeit hatte. Doch wir hatten uns, und das war richtig gut. Wir haben uns oft gegenseitig geholfen. Uns zum Lachen gebracht, wenn es uns nicht gut ging. Oder zusammen in der Lichtbucht gesungen und getanzt. Die neueste Bravo gelesen oder uns draußen beschäftigt. Manchmal, wenn wir Ausgang hatten, sind wir auch den Berg runter ins Dorf gelaufen oder in die Stadt gefahren. Jeden Montag bekamen wir Taschengeld. Je älter man war, desto mehr bekam man. Ich erhielt mit dreizehn Jahren fünf Euro. Ziemlich wenig, wenn man raucht ...

Tiefer Fall!

Ich wollte anders sein als andere.
Spuren hinterlassen.
Von Narben gequält.
Hasserfüllt.
Doch lache ich,
niemand kann meine Tränen sehen.
Schreie und doch schweige ich.
Niemand versteht es, weil es niemand erlebt.
Weiß nicht mehr weiter.
Den Weg schon wieder verloren. Den Verstand geklaut.
Mein Gewissen geraubt.
Kalte Tage. Kein Geschrei.
Die Tür geht auf, ein Engel kommt.
So gehe ich ... es tut mir leid!
Nichts, das kommt, ist nichts, das geht.
Ein Zeichen gesetzt, das niemand versteht.
Verloren im Verborgenen. Viele, die mich gut leiden konnten,
aber auch viele, die mich hassten.
Konnte das Gute nicht akzeptieren. Ich wusste, es war falsch.
Doch wollte ich nur eins ...
GLÜCKLICH sein!
FREI UND UNBESCHWERT!
Niemand würde mir glauben, wenn ich ihm erzähle,
dass ich mich so sehr hasse.
Dass ich mich morgens, wenn ich aufstehe, frage,
wie ich diesen Tag überstehen soll.
But please don't forget the happy memories!
Ich zittere am ganzen Körper.
Meine Beine sind schwer wie Blei.
Nichts, das mich mehr hält.
Bin gebrochen. Tief verletzt von dieser Droge,
die sich Leben nennt.

Kämpfe allein gegen Tausende Krieger.
Wie gern wäre ich jetzt dort oben ... weit weg von hier.
Endlich frei! Unbeschwert und leicht.
Habe mich selbst verloren, bin der Scherbenhaufen
meiner selbst.
Das Ergebnis vieler Erfahrungen
und eines Hauchs von Unmenschlichkeit.
Ich bin NICHTS, okay? NICHTS!

Geschrieben für Fee 2013

Es gibt im Leben immer wieder Situationen, in denen dir das Weitergehen schwerfällt – schwerfallen wird. In denen du dich wahrscheinlich fragst, wie es überhaupt funktionieren soll. Du wirst dich vielleicht leer fühlen oder ausgebrannt. Aber gib dich nicht auf! Nichts ist schlimmer als das Aufgeben. In solchen Situationen ist es wichtig, einen Gang herunterzuschalten und sich mal eine Auszeit zu gönnen. Einen Spaziergang zu machen oder mal rauszukommen. Einfach wegzufahren. Die Schönheit der Natur zu genießen. Sich auf etwas völlig anderes zu konzentrieren. Es gibt nichts, was nicht geht oder was nicht hilft. Es gibt für alles eine Lösung. Davon bin ich heute überzeugt. Es ist schwer, Verhaltensweisen abzulegen, die man sich über Jahre hinweg angeeignet hat. Die schon so im Hirn verankert sind, dass sie im Unbewussten geschehen. Es sind einfache Abläufe, die man schon immer so macht, gemacht hat, die einem aber nicht guttun oder etwas erschweren.

In der Therapie habe ich andere Verhaltensweisen aufgezeigt bekommen und erlernt. Es war eigentlich gar nicht so schwer. Was mir dabei am meisten geholfen hat war, dass ich wollte. ICH WOLLTE VERÄNDERUNG! Ich wollte nicht mehr das kleine Mädchen sein, das in Selbstmitleid badet. Ich wollte ein für alle Mal damit abschließen. Doch es ging nicht. Ich war noch nicht bereit dazu, komplett abzuschließen. Dennoch habe ich gelernt, besser damit umzugehen.

Wenn ich versuche, das Buch zu schließen, dann öffnet es sich wieder. Aber wenn ich den Schlüssel wegwerfe, darauf hoffe, dass alles gut wird, und mich mit aller Kraft dagegenstemme, dann wird es vielleicht besser ... gut. Und hoffentlich nie wieder so, wie es mal war.

Jeder von uns ist Kunst,
denn jeder ist gezeichnet vom Leben.
Casper

Es gibt so viele geniale Köpfe auf dieser Welt. Na gut, viele von ihnen sind schon unter der Erde begraben und fliegen im Reich des Friedens umher, wo ihre Seelen ruhen. Aber sie haben es geschafft, dass man auch noch nach Jahrhunderten, nein, sogar nach Jahrtausenden von ihnen spricht. Das fasziniert mich.

Wenn ich manchmal über solche Dinge nachgrüble, fragen sich Erwachsene oft, ob ich noch normal bin. Manchmal wünsche ich mir Freiheit. Doch was bedeutet Freiheit überhaupt? Sie kann so vieles sein. Eine Stunde lang einfach mal sorglos zu sein, alles zu vergessen. Mich meinem Alter entsprechend zu verhalten und nicht immer erwachsen sein müssen. Den Blick nur auf das zu richten, was man hat, und nicht darauf fixiert zu sein, wonach man sich sehnt. Einfach mal die Lasten fallen zu lassen und man selbst sein zu können. Blöde Kommentare zu ignorieren und sich selbst treu zu bleiben. Nicht den anderen, den Mitmenschen gefallen zu wollen, sondern sich selbst. Freiheit kann jeder für sich selbst definieren. Aber für mich bedeutet Freiheit, dort zu sein, wo man sich zu Hause fühlt und man sein kann, wie man ist. Sei es bei Freunden, im Urlaub oder in den eigenen vier Wänden.

Ich bin ICH und niemand kann mir das nehmen.

Das Feld *(Hausaufgabe in der Achtsamkeitsgruppe)*

Das Feld ist voller farbenfroher Blumen. Der Duft von Freiheit setzt sich tief in meine Nase. Die Blätter der grünbraunen Eiche singen heitere Lieder. Und der Wind fegt Blätter durch die Luft. Viele Eichhörnchen flitzen den Baum hinab, bleiben kurz stehen und flitzen den anderen Baum hinauf. Schmetterlinge setzen sich auf die vielen bunten Blumen. Die Vögel fliegen den blauen Himmel entlang. Sie scheinen sich über die Freiheit zu freuen. Sie schweben durch die Lüfte wie Federn und jeder passt auf jeden auf. Nun strecke ich meine Arme seitlich von mir weg und sprinte, so schnell ich kann, über das unendlich weite Blumenfeld.

geschrieben 2013

In der Klinikschule machte der Unterricht echt Spaß, denn wir waren nie mehr als drei Schüler. Das Einzige, was ich nicht mochte, war Mathe. Ich verstand das Fach nicht und hasste es. Aber noch mehr hasste ich die Lehrerin. Der Deutschunterricht hingegen machte mir riesigen Spaß. Außerdem unterhielt ich mich sehr viel und gerne mit Frau K. Sie war schon etwas älter, sehr belesen, intelligent und unheimlich sympathisch. Sie liebte ihren Job als Kliniklehrerin und nahm ihn sehr ernst. Sie machte Schulschwänzern Mut und brachte sie dazu, wieder gerne in die Schule zu gehen.

In den Sommerferien waren wir oft mit der Station unterwegs. Das war immer schön. Aber am meisten hat mir das Kajakfahren am See Spaß gemacht. Es war so unbeschwert. Das war eigentlich das erste Mal seit Jahren, dass ich zulassen konnte, wieder ICH SELBST zu sein. Ich trieb unbefangen auf dem Wasser herum und war nicht die „erwachsene“ Lea, sondern die Lea, die es so noch nie gegeben hatte. Ich war 13 Jahre alt.

Die Betreuer sind ebenfalls mitgefahren. Sogar Therapeuten waren dabei. Das hat echt mächtig Spaß gemacht. Die Kraft zu fühlen, die man brauchte, um voranzukommen. Sich selbst zu spüren ohne Schmerzen. Ohne diese Extreme anwenden zu müssen. Es war anfangs gar nicht so einfach, mit dem Kajak herumzufahren. Viele sind umgefallen. Auch ich. Aber es dauerte nicht lange, bis ich es richtig machte. Als wir beim zweiten Besuch am See wieder Kajak fahren durften, habe ich mir sogar ein Wettrennen mit einem der Psychologen geliefert. Dieser Tag war einer der schönsten meines Lebens. Selbst wenn ich heute, nach zwei Jahren, daran denke, spüre ich die Wärme der Sonne auf meinem Rücken sowie das kalte Wasser, das ab und zu über die Einstiegskante schwappte, wenn man ins Schwanken geriet. Es war ein so tolles Erlebnis. Ich empfehle es jedem Naturfreund, der die Möglichkeit hat, so etwas auszuprobieren. Macht es! Es kostet zwar anfangs etwas Kraft und Geduld, aber wenn man den Dreh raus hat, ist es eine Supersache. Es war echt der Hammer! Ich bin auch noch gegen eine der Betreuerinnen angetreten. Sie war echt gut, flink und wendig. Es bereitete mir sehr viel Freude, gegen zwei *Profis* zu rudern.

Wir waren fast jede Woche unterwegs. Mal waren wir im Zoo oder im Barfußpark oder im Schwimmbad, was einige gern mieden. Diejenigen, die Narben auf ihrem Körper tragen, schämen sich dafür oder haben Angst, darauf angesprochen zu werden. Das war auch sehr lange Zeit bei mir so. Doch als wir im Schwimmbad angekommen waren, haben die Betreuer uns ermutigt, uns umzuziehen und ins Wasser zu hüpfen. Es war schon ein komisches Gefühl, aber ich war ja nicht alleine, denn fast alle Patienten trugen Narben. Das war eine ganz neue Erfahrung für mich. Denn zuvor zu Hause war ich nie ins Schwimmbad gegangen. Ich schämte mich für meinen Körper. Für meine kaputte Seele.

Jeder Mensch reagiert anders auf den Anblick der vielen mittlerweile schon fast verblassten Striche, die meinen Körper zeichnen. Einige schreckt es ab. Manche starren nur auf meine Arme und Beine und schauen mich beim Kommunizieren überhaupt nicht an. Wieder andere sehen die Narben und sprechen mich direkt darauf an. Oft weiß ich nicht, was ich darauf antworten soll, aber in der Klinik habe ich viel gelernt.

Der Freund meiner besten Freundin sagte mal: „Das sind Altersflecken. Wenn man Pech hat, bekommt man so etwas." Das fand ich supergut. Und es steckt auch ein Stückchen Wahrheit darin.

Ich frage mich: „Wer bin ICH?"
Mal bin ich groß, mal bin ich klein.
Mal bin ich gefangen, doch bin ich mal frei?
Kennst du das Mädchen, das sich versteckt?
Das sich verstellt und sich so hübsch verhält?
Kennt ihr das Kind, das ich nie war?
Niemand weiß Bescheid,
denn nie wart ihr bereit.
Doch heute wird das anders sein,
denn nun bin ich nicht mehr klein.
Werde nicht mehr sagen Ja und Amen.
Werde sagen, was ich denk,
und wenn es euch nicht passt,
weiß ich, was ich euch schenk.

Ich habe mal von jemandem einen Text geschickt bekommen, der mich sehr berührt hat. Ich weiß leider nicht, von wem er verfasst wurde, aber ich denke, er bringt manches ziemlich genau auf den Punkt:

Eine 16-Jährige mit einem Kind von einem Jahr nennen die Leute Schlampe. Dass sie mit 14 vergewaltigt wurde, weiß keiner.

Ein Mädchen wird fett genannt, aber dass es eine Krankheit hat, die es übergewichtig macht, weiß keiner.

Menschen nennen einen Mann Monster. Aber niemand weiß, dass er jemand anderen aus einem brennenden Haus rettete und dabei sein Gesicht verbrannt wurde.

Bevor du urteilen willst über mich oder mein Leben, ziehe meine Schuhe an und laufe meinen Weg. Durchlaufe all die Straßen, Berge und Täler ... Fühle die Trauer, erlebe den Schmerz und die Freuden. Und erst DANN kannst du urteilen!!!

Ich denke, jeder von uns hat schon mal Situationen erlebt, in denen er verurteilt wurde. Sei es, indem man auf sein Äußeres beschränkt wird oder wegen der Schwächen, die übrigens jeder von uns hat, gehänselt oder verspottet wird. Doch vergessen dabei viele sich selbst. Jeder Mensch ist auf seine Art und Weise besonders. Und ich denke, jeder hat die Chance verdient, dies zu beweisen. Niemand ist perfekt, denn wenn es so jemanden gäbe, wären wir doch keine Individuen mehr, oder?

Wenn man am Ende ist und nicht mehr weiterweiß, greift man oftmals zu Mitteln, die einem nicht gefallen oder gar nicht gut für einen sind. Man weiß, dass sie einen kaputt machen, ganz langsam, Stück für Stück. Es gibt kleine Momente, die dich spüren lassen, dass es nie zu Ende sein wird. Denn sie sind tief in deinem Herzen eingegraben und können nicht mehr hinaus. Sie gehören dir. Du hast das Gefühl, dass es solche Momente nie wieder geben wird, und möchtest am liebsten alles hinwerfen. Doch irgendetwas in dir drin hat Hoffnung und hält dich davon ab. Du suchst nach dem großen Glück. Warum? Du übersiehst dabei viele kleine Glücksmomente. Wir sind so darauf fixiert, das große Glück zu finden, dass wir gar nicht auf andere Dinge achten. Wir sind viel zu sehr damit beschäftigt, es anderen recht zu machen. Oder unseren oftmals viel zu hohen Ansprüchen zu genügen, als einfach mal einen Gang herunterzuschalten und mit dem zufrieden zu sein, was wir haben. Denn wir sehen meist nur, was wir nicht haben, und vernachlässigen das, was wir besitzen.

In unserer Gesellschaft glauben wir, dass Geld und Erfolg im Beruf das Wichtigste sind. Doch was ist damit, sich wohlzufühlen? Nicht den ganzen Tag den Anweisungen des Chefs oder des Lehrers nachzugehen, sondern sich einfach mal eine Pause zu gönnen und wieder Spaß und Freude am Leben zu haben? Viele Jugendliche in meinem Alter wissen überhaupt nicht mehr, was Spaß eigentlich ist. Was es heißt, draußen in der Natur zu sein, die Vögel zwitschern zu hören und zu wissen, dass es auch andere Dinge gibt als Computer oder diesen dämlichen Kasten, der beinahe so groß ist wie ein PC-Bildschirm und sich Handy nennt. Unsere Gesellschaft wird immer mehr von Elektronik bestimmt.

Den ersten Teil meines Klinikaufenthalts verbrachte ich damit, mich mit meinen Gefühlen, Bedürfnissen, Stärken und Schwächen auseinanderzusetzen. Mich und mein Wesen besser kennenzulernen. Und auch mein Verhalten ein bisschen besser zu verstehen. Verhaltensweisen, die mir nicht gutgetan haben, durch neue zu ersetzen. So ungefähr kann man die DBT-A knapp zusammenfassen. Es gibt insgesamt sechs Punkte, die während des Programms durchlaufen werden. Jeder einzelne hilft dir in bestimmten Situationen.

Ich musste mich mit Situationen auseinandersetzen, die nicht leicht waren. Entscheidungen zu treffen oder den ersten Schritt zu wagen, ist niemals leicht, das behauptet keiner. Aber mit 13 Jahren etwas zu entscheiden, das sehr wahrscheinlich mein ganzes Leben verändern wird respektive verändert hat, ist sehr, sehr schwer gewesen. Ich hatte Tage, an denen ich nervlich so am Ende war, dass ich mit mir selbst nichts mehr anzufangen wusste. Ich war kraftlos. Hoffnungslos. In der Klinik hatte ich mehr als einmal einen Nervenzusammenbruch. Doch ich hatte Glück, denn ich war nicht allein. Da waren Menschen, die mir zugehört haben. Die mich, meine Gefühle, Gedanken und Ängste ernst genommen haben. Die mich auffingen, als ich fiel. Ich war nicht alleine! Diese Tatsache gab mir immer wieder Kraft und Hoffnung, selbst in den schwersten, schlimmsten und anstrengendsten Momenten weiterzumachen. Und nicht einfach aufzugeben. Wenn ich an manchen Tagen nichts wahrnehmen konnte, weil ich innerlich verkrampft in Gedanken versunken war, waren da Engel, die mir zeigten, wie man sich davon lösen konnte, und mit mir spazieren gingen.

Liebes Büchlein,

heute war ich mit Melissa, Troll, Lisa, Lilli und den anderen im Wald. Es war wunderschön. Troll ist auf die Idee gekommen, eine Schlammschlacht zu machen. Es hatte geregnet. Der Wald roch intensiv nach Erde und frisch gemähtem Gras. Es war alles so intensiv. So frei. Wir rollten uns die Kullerwiese hinunter, als wäre es etwas Tagtägliches. Uns machte es nichts aus, dass wir uns sozusagen im Schlamm suhlten. Es machte richtig Spaß. Wir bewarfen uns mit nasser Erde und tanzten herum. Wie bei einer Party. Es fing wieder zu regnen an. Wir waren klitscheklatschenass bis auf die Unterhosen. Aber es machte so viel Spaß, dass wir nicht aufhören wollten. Wir spielten Fangen und rannten uns gegenseitig in die Arme, als würden wir wirklich etwas feiern. Ich nahm den Schlamm auf zwei Finger und strich mir über meine nassen Backen. Meine Haare tropften schon. Meine Brille lief an und der Nebel versperrte mir die

Sicht. Doch das hinderte mich nicht daran, weiterzumachen. Als wir zurück in der Klinik waren, mussten wir unsere Schuhe ausziehen, damit wir nichts dreckig machten. Anna brachte uns einen Wäschekorb. Therapeuten kamen auf die Station und lachten uns freundlich an. Troll holte den Fotoapparat und hielt diesen nassen, schmutzigen, aber doch unbeschreiblich schönen Moment fest. Es war einer der Momente, in denen ich mich mal wieder so richtig gut gefühlt habe. Wir mochten uns alle sehr gerne. Wir waren nicht einfach nur Jugendliche, die sich mit den unterschiedlichsten Problemen, sehr persönlichen Dingen, auseinandersetzten. Nein, wir waren eine Gemeinschaft. Jeder war für jeden da. Wir hielten zusammen und nahmen aufeinander Rücksicht.

Das Labyrinth des Leidens

Eines Nachts wachst du schweißgebadet auf. Du weißt nicht, wo du bist. Dein ganzer Körper schreit vor Schmerz. Doch du spürst nur den Muskelkater von gestern. Du wirst langsam wach. Und findest dich in deinem Zimmer wieder. Doch heute ist es anders. Heute fragst du dich, wohin du gehörst. Was du machst. Und welchen Sinn dein Leben hat. Du fragst dich, was deine Aufgaben in dieser Welt sind. Was du hier verändern kannst. Was deine Stärken und Schwächen sind. Du gehst schlafen, denn der Tag neigt sich dem Ende zu. Doch liegst du wach und fragst dich, was der neue Tag dir wohl bringen mag.

Ein ewiges Hin und Her. Zum einen die Fröhliche, die stets Verrückteste. Doch dann die Kleine ohne Freunde, die Traurige. Die nichts weiß von Liebe, Stolz und Glück, weil so viel Enttäuschung sie entzückt. Die eine, die strebt nach Sinn und Verstand. Nach Wissen und Leidenschaft. Doch die andere, die das Leiden macht, die es liebt und begehrt. Die sich bestrafen muss für Dinge, die ein anderer nicht versteht. Die, die sich den Kopf zerbricht darüber, wie sie den nächsten Tag übersteht. Die, die alles zwei-, dreimal durchlebt. Die Seite, die sie an manchen Tagen lenkt. Die ihr keinerlei Freude schenkt. Die ihr das Lachen verwehrt. Die eine, die ihr die Tränen bringt. Und die andere, die ihr spontan alles erlaubt. Auch wenn sie Mist baut. Die eine, die in der anderen gefangen. Die beide etwas verlangen. Die beiden: Freude und Leid. Die das Leben teilt. Die beiden, groß und klein, stecken tief in ihr. Das Leben. Das Leiden. Ein Kinderspiel! Je öfter sie an ihre Vergangenheit erinnert wurde, desto schlimmer wurde ihr Drang zur Perfektion.

Je mehr sie über das Erlebte nachgedacht hat, desto schlechter wurde ihr Gefühl. Verantwortlich für etwas, an dem sie keine Schuld trug. Das sie doch niemals verstand. Das kleine Mädchen, das bin ich. Nichts, das mich tröstet oder heilen kann. Nur ein Hauch von etwas, das ich nicht sehen kann. Nichts, das mich hält.

Müde und ausgelaugt bekämpfe ich das Böse in mir.

Zu jedem neuen Weg gehört eine Geschichte. Nämlich die Geschichte vor der Veränderung, die uns überhaupt erst dazu antreibt, etwas zu verändern. In der Klinik hatte ich oft Rückfälle. Doch das gehört dazu. Es hat sehr lange gedauert, bis ich dies akzeptiert habe; akzeptieren konnte und wollte. Ich wollte aufgeben. Grenzte mich ab. Wollte von mir nichts mehr wissen, denn all das Leid drückte mich zu Boden. Ich suchte nach Halt. Und zum ersten Mal fand ich ihn. Die Betreuer, Therapeuten und ein Stück weit auch die anderen Patienten gaben mir den Halt, den ich lange Zeit vergebens gesucht hatte. Ich war nicht allein. Da waren viele andere, denen es noch beschissener ging als mir. Ich konnte mich fallen lassen, weil ich wusste, mich fängt jemand auf.

Ich riss das alte Haus ab und begann, ein neues, *gesundes* Haus aufzubauen. Ich konnte zum ersten Mal so sein, wie ich bin. Mit meinen Wutausbrüchen, Weinkrämpfen und den vielen Gefühlen, über die ich nie zuvor gesprochen hatte. Doch in der Klinik habe ich sehr, sehr viel gesprochen. Manchmal hatte ich Tage, da dachten die Betreuer, ich würde gar nicht mehr aufhören zu quasseln. Das war echt schräg! Ich fand mich schräg. Aber es war okay, denn sie mochten mich so, wie ich eben war. Mit all meinen Fehlern und Missgeschicken. Aber mich selbst zu akzeptieren, mich als Kind beziehungsweise Jugendliche zu begreifen, meine Fehler, Worte, die ich sagte und die andere verletzten, anzunehmen, davon war ich noch sehr weit entfernt. Doch mit jedem neuen Tag, jedem Sonnenauf- und -untergang begann ich mich Stück für Stück immer mehr so zu akzeptieren, wie ich war. Von allen Seiten bekam ich zu hören, wie fleißig ich an mir arbeitete. Wie hübsch ich doch sei. Wie intelligent und freundlich. Dass mich alle so sehr mochten. Doch ich konnte, wollte es nicht glauben, weil ich nicht der gleichen Meinung war. Ich hasste mich so sehr. Ich ekelte mich vor mir selbst und schämte mich auch ein Stück weit für mich. Und mit jedem Blick in den Spiegel verschloss sich das Tor in mir mehr. Ich glaubte den Worten nicht. Ich dachte, es seien leere Hülsen ohne Bedeutung. Doch ich bemerkte, dass es Menschen gab, die diese Dinge nicht nur sagten, weil sie mich aufmuntern oder mir schmeicheln wollten. Nein, sie meinten es ernst! Die Worte jedoch so anzunehmen, wie sie kamen, das war sehr lange und harte Arbeit.

Im Grunde sind Komplimente etwas Superschönes. Doch für mich waren sie nur Worte ohne Bedeutung. Sie drangen nicht in mich ein. Sie prallten an mir ab, als wäre ich aus Stein.

In der Klinik gab es eine Betreuerin, die für jeden Spaß zu haben war. Ich nenne sie Helen. Helen und Lilli, eine Patientin, kamen auf die Idee, einen Büroklammerhalter in Form eines menschlichen Wesens aus dem Büro des leitenden Psychologen zu stibitzen. Das war echt der Hammer! Der Plan ging auf und der Büroklammerhalter stand von nun an im Dienstzimmer. Das war echt praktisch. Und niemand hat etwas bemerkt. Noch nicht einmal der leitende Psychologe selbst. Obwohl er sehr viel bei uns im Dienstzimmer verkehrte.

In der Psychiatrie habe ich viel gesehen und viele Menschen kennengelernt. Sie kamen und gingen. Aber das ist der Lauf des Lebens. Ich habe vielen Glück und alles Gute auf ihrem neuen

Weg gewünscht. Ich wusste, dass auch ich irgendwann wieder gehen würde. Ich habe richtige Freunde gefunden. Menschen, mit denen ich alles teilen konnte. Mit denen ich lachen, weinen, tanzen und schreien konnte. Die wussten, was es hieß, am Boden zu sein. Abends, wenn es dunkel war, gingen wir oft raus und unterhielten uns. Wir dachten nicht an das, was draußen im normalen Leben so passierte, sondern waren einfach nur da. Wir existierten und hörten einander zu.

Für mich war die Psychiatrie wie eine andere Welt. Eine sichere, ruhige und besondere Dimension, die so draußen niemals existieren könnte. Denn ich wusste, dort drin konnte mir niemand mehr wehtun ... und das gab mir Sicherheit. Natürlich gibt es überall Menschen, mit denen man sich besser oder schlechter versteht. Aber die Freunde, die ich in der Klinik fand, habe ich heute noch. Und das bedeutet mir sehr viel. Ich bin dankbar dafür.

16.10.2013

Liebes Büchlein,

heute habe ich mich wieder mal selbst verletzt. Ich schäme mich so sehr. Ich meine, ich bin jetzt schon so lange hier. Wieso kann ich es nicht einfach lassen? Wieso brauche ich es so sehr? Ich habe es jetzt schon so lange ohne ausgehalten. Jeden Tag erlebe ich diese Reise in die Vergangenheit. Es reicht mir! Ich gebe auf. Es ist vorbei. Ich hasse mich dafür. Ich wollte stark bleiben. Die Klinge wegwerfen und doch konnte ich nicht widerstehen. Ich möchte doch nur einmal gehört werden.
In letzter Zeit ist es ziemlich anstrengend auf der Station. Niemand hat Zeit, was ich verstehen kann. Außerdem möchte ich keine Last sein, aber ich will endlich diesen Schmerz nicht mehr spüren müssen. Die Bilder kehren immer öfter zurück.

Mir ging es eine ganze Zeit lang supergut. Doch was ist jetzt? Alles im Arsch! Ich falle. Und niemand ist da, der mich aufhält. Selbst Fee hat keine Zeit für mich. Die letzten drei Gespräche sind ausgefallen. Ich will weg von hier! Raus, einfach ein NORMALES Leben führen können. Wieder ich selbst sein können. Doch wie geht das? Ich weiß es nicht. Verdammt!!!
In Liebe deine Lea

Natürlich gab es immer wieder gute und schlechte Tage, aber hey, mal ehrlich, wer hat die nicht? Doch ich musste erst lernen, mit ihnen klarzukommen. Sie zu akzeptieren, wie sie kamen.

Man kann die Augen schließen und trotzdem geschehen Dinge. Man kann schreien und trotzdem nicht gehört oder verstanden werden. Man kann weinen, aber das ändert nichts an der Situation, es hilft nur, das kleine Herz etwas zu erleichtern. Man kann versuchen zu vertrauen und trotzdem enttäuscht werden. Man kann versuchen zu vergessen und trotzdem bleiben schmerzende Erinnerungen. Man kann sich vor Problemen in Träume flüchten. Aber irgendwann wacht man auf und muss leider feststellen, dass sie immer noch da sind. Man kann versuchen zu lachen, aber trotzdem traurig bleiben. Man kann das Licht suchen und sich trotzdem in der Dunkelheit verirren. Man kann eine helfende Hand sehen und sich trotzdem aus Angst vor Enttäuschung abwenden. Man kann riskieren, sich selbst zu zerstören, oder man kann versuchen, ein letztes Mal aufzustehen und zu kämpfen. Kämpfen für die Personen, denen man etwas bedeutet. Die dich schätzen und lieben. Kämpfen für die Menschen, die auch dir selbst wichtig geworden sind.

Jeder Mensch hat die Chance, mindestens einen Teil der Welt zu verändern. Nämlich sich selbst! Wenn ich eins in meinem Leben gelernt habe, dann dass sich das Kämpfen lohnt, denn das Leben geht weiter!

Radikale Akzeptanz der Realität

An manchen Situationen kann man einfach nichts ändern. Ich meine, man würde es vielleicht gerne, aber es geht nicht. Man kann nur das Beste daraus machen. Fee und ich sind oft spazieren gegangen. Mit ihr konnte ich einfach über alles reden. Sie war lustig, einfühlsam und wusste immer die richtigen Worte zu sagen. Sie war eben sehr lebenserfahren.

In der Klinik gab es Gespräche mit den Eltern, um ihnen zu erklären, welche Fortschritte ihr Kind gemacht hat. Oder besser gesagt, um über Probleme zu Hause zu sprechen. Der Tag war gekommen, das erste Gespräch mit meiner Mutter stand an. Es ging darum, dass ich mir wünschte, von ihr gesehen zu werden. Dass sie mich einfach mal in den Arm nahm und mir sagte, dass sie mich lieb hätte. Ich meine, welche Mutter tut das nicht? Ich glaube nicht, dass meine Mutter mich damals nicht liebte. Vielleicht konnte sie es einfach nur nicht so zeigen.

Mit der Zeit wurde meine Mutter immer lauter. Nicht nur mir, sondern auch Fee gegenüber. Ich war traurig. Wie konnte sich meine Mutter nur so stur stellen? Es war doch nicht zu viel verlangt, sein Kind ohne Grund einfach mal in den Arm zu nehmen, oder?

Als das Gespräch zu Ende war, wusste ich nicht, wohin ich sollte. Ob ich alleine sein wollte oder lieber mit anderen Menschen zusammen. Ich war verunsichert, ob ich alles richtig gemacht hatte. Ich entschied mich schließlich für mein Zimmer, drehte die Musik auf und begann aufzuräumen. Wild tanzte ich dabei durch den Raum.

Meine Mutter war bereits gegangen, als Helen an meiner Zimmertür klopfte. Ich bat sie herein. Fee hatte ihr mitgeteilt, wie das Gespräch gelaufen war. Und Helen bot mir an, etwas zu basteln, um mich abzulenken. Sie bastelte gerne, war sehr kreativ und begabt. Und irgendwie kam ich durch sie tatsächlich auf andere Gedanken. Andere Jugendliche kamen dazu und bastelten mit. Es lenkte mich ab. Auch an dieser Situation konnte ich nichts ändern, konnte nur das Positive herausfiltern, was mir bei ähnlichen Vorfällen vielleicht eine andere Sichtweise gewährte. Ich musste das Geschehene akzeptieren. Egal, wie weh es tat. Meine Mutter konnte sehr gut mit Worten um sich werfen. Ich versuchte oft, mich zu ducken, ihnen auszuweichen. Aber meist trafen sie mitten ins Herz. Bumm!

Am Anfang meiner Klinikzeit war ich abends immer sehr nervös, weil ich mit meinen Gefühlen nicht klarkam. Und ich konnte nicht schlafen. Ich kann mich noch sehr genau an die Nächte erinnern, die ich mit Helen im TV-Raum verbrachte, meine Füße getränkt in Wasser mit Eiswürfeln. Wie wir auf der blauen Holzcouch saßen und ich anfing zu erzählen. Darüber sprach, was mich beschäftigte und bedrückte. Dass die Bilder meiner Vergangenheit immer näher rückten und mir manchmal die Luft zum Atmen nahmen. Sie saß neben mir und hörte einfach nur zu. Ihr Blick traf meine Augen, total intensiv. Sie baute mich auf und gab mir Kraft. Sie hat immer an mich geglaubt, bis ich abgehauen bin ...

Ich wollte raus. Hielt mich selbst kaum aus. Fühlte mich alleine. Ich sagte den anderen, ich sei spazieren. Doch ich ging nicht nur den Rundweg, der sich um das Klinikgelände zog. Ich lief den Berg hinunter ins Dorf, setzte mich dort in die S-Bahn und fuhr in die Stadt. Ich war wie gelähmt, konnte mich kaum rühren. Ich hatte keine Fahrkarte, aber das war mir egal. Ich wusste, dass es falsch war, was ich da gerade tat. Aber ich wollte weg, war wie benebelt und alles, was um mich herum geschah, zog langsam an mir vorbei. Ich war nicht mehr Herrin meiner Sinne. Ich war müde, abgebrannt und mir war kalt.

Am Hauptbahnhof stieg ich aus. Und lief los. Ich wusste nicht wohin, aber das war mir auch egal. Hauptsache weg. Ich wollte nur weg. Ich kann mich noch erinnern, wie ich rannte, während mich der Gedanke an das Falschsein nicht mehr losließ. Ich wollte doch nur gesehen werden. Ich wollte verstanden, geliebt und akzeptiert werden. Niemand war da! Also rannte ich fort. Weit fort. Vor mir selbst ... Doch wie weit muss man rennen, um vor sich selbst zu fliehen?

Ich hatte eine andere Patientin bei mir. Ich wollte nicht, dass sie mit mir kam, weil sie sowieso schon zu viel Mist gebaut hatte in der Klinik, aber das war ihr egal. Sie bestand darauf, mich zu begleiten.

Die Sonne begann unterzugehen. Wir saßen irgendwo unter einer Brücke. Ich wollte einfach vergessen, was ich getan hatte. Begann mich zu fragen, wie meine Mutter darauf reagieren würde, was die Betreuer in der Klinik sagen würden. Ich schämte mich sehr für mein kindisches Verhalten. Und ich verstand mich selbst nicht mehr. Ich fand mich abscheulich. Ich weiß nicht mehr, wie viel Uhr es war, aber es war schon sehr spät, als wir bei der Polizei anriefen und ihnen erzählten, wo wir waren und was für einen Mist wir gebaut hatten. Sie kamen und fuhren uns zurück in die Klinik. Helen und Ave hatten Nachtdienst. Sie waren nicht sehr freundlich zu uns, was auch verständlich war. Ich bereute den Vorfall sehr, denn seitdem schien Helen irgendwie anders zu sein. Ich interpretierte es zumindest so. Es tut mir heute noch leid. Selbst Fee verstand mein Verhalten nicht, aber wie sollte es jemand Fremdes verstehen können, wenn noch nicht einmal ich mich verstand?

Jeder sieht, wer ich zu sein scheine,
aber nur wenige kennen mich wirklich.
Ihr könnt nur sehen, was ich wähle, euch zu zeigen,
es gibt so viel, was sich hinter meinem Lächeln versteckt.
Doch du weißt es nicht!
Also sag nichts,
du kennst meinen Namen,
aber nicht meine Geschichte
und auch nicht meine Gedanken.

Erinnerst du dich an die Zeit, als du dachtest, du würdest es niemals schaffen? Du hast es überlebt, genau wie du es jetzt überleben wirst.

Lars Amend

Dein Blick fällt auf diesen einen Punkt deines Lebens. Die Bilder fließen ineinander. Und alles wirkt verschwommen und schwer. Gedanken kreisen. Regentropfen gleiten langsam die Scheiben hinab, ganz unbeschwert, während dein Blick gefangen ist. Dein Körper versinkt in dir. Und da ist nichts, was du tun kannst, um dieser Hölle zu entfliehen. Du sitzt starr und unberührt in der Ecke deines Zimmers, während deine Gedanken gefangen sind. Und versuchst, dich wiederzufinden. Dich zwischen all den Scherben und Narben des Lebens wiederzuerkennen, während du eifrig dabei bist, dich selbst zu zerstören. Während du all deinen Hass gegen dich selbst richtest. Eine Stimme in dir fragt dich, was aus dir geworden ist. Denn was du fühlst, scheint so weit weg von dir und deinem Alltagsleben zu sein. So weit weg von alledem ...

Und wenn das Schicksal wiederkommt und meint, deinen Weg kreuzen zu müssen, dann wirft es dich um. Doch du bleibst standhaft. Denn du denkst, dass dies alles nicht passiert. Es scheint zu irreal. Es schwebt an dir vorbei, als sei es für jemand anderen bestimmt.

Und dann stehst du da und fragst dich, was kommt. Wie du diesen Weg meistern kannst, ohne Schaden davonzutragen. Ohne Leid zu spüren. Alles rausschreien, doch es ist tief in dir verankert. Niemand darf es wissen. Niemand darf wissen, dass du verletzbar bist. Denn bevor du fällst, hält man dich fest. Starke Arme, die dich umhüllen und verlangen, dass du damit aufhörst. Aufhörst, so verletzbar zu sein. So sensibel und schweigsam. Du sollst aufhören, dich selbst für Dinge zu hassen, an denen du keine Schuld trägst. Dich nicht selbst niedermachen. Du sollst aufhören, zu schweigen und dich vor dir selbst zu verstecken. Du sollst reden, wenn dir alles zu viel, zu schwer wird. Dich zu erkennen geben.

Doch was, wenn sie dich nicht wahrnehmen? Wenn sie deine Stimme zwischen all den Worten nicht hören können? Wenn sie sagen „Bleib stark!“ oder „Augen zu und durch!“, denkst du daran, wie schön es wäre, nicht mehr weiterzuleben? Den Kampf aufzugeben und in einer anderen Welt fortzufahren? Du hältst dich so sehr an dem Wunsch, tot zu sein, fest, dass er für dich zur Wirklichkeit wird. Dass du keinen anderen Ausweg siehst, als den Freitod zu wählen.

Du sollst aufhören nachzudenken, doch dein Kopf ist so voll, dass du gar nicht weißt, wo du anfangen sollst, geschweige denn wie du es aushalten sollst, noch einen Tag weiterzukämpfen ...

Therapiestunden

Wenn wir zu spät in die Therapiestunden kamen oder etwas vergaßen, mussten wir eine Wiedergutmachung leisten. Ich sang meist eines meiner neu geschriebenen Lieder vor oder malte etwas. Die Wiedergutmachung war sozusagen eine Art Entschädigung für ein nicht angemessenes Verhalten oder Vergesslichkeit.

Einmal im Monat gab es eine Eltern-Skills-Gruppe, denn die Klinik war sehr darauf bedacht, die Kommunikation zwischen Eltern und Betroffenen zu fördern und beide Seiten einander anzunähern. Im großen Konferenzraum kamen alle Eltern und Patienten zusammen. Es war eigentlich wie immer. Nur dass es viel mehr Menschen waren als sonst bei unseren wöchentlichen Sitzungen. Angeleitet von den Therapeuten, die auch manchmal Unterstützung vom Personal bekamen, ertönte zu Beginn jeder Skills-Gruppe die Klangschale. Dann folgten eine kurze Vorstellungsrunde und eine Achtsamkeitsübung, die immer sehr unterschiedlich war. Zum Beispiel: Man nimmt einen Ball und wirft ihn in einer bestimmten Reihenfolge den anderen Personen zu. Dies wird mehrmals wiederholt.

Nach einer bestimmten Zeit wird das Ganze durch mehrere Bälle erschwert. Diese Übung fand ich immer ziemlich lustig, denn das Werfen und dabei Treffen, während mehrere Bälle in der Luft sind, ist gar nicht so einfach. Zumindest bei uns sind manchmal Bälle aneinandergestoßen. Danach kam ein bestimmtes Thema an die Reihe, zum Beispiel: zwischenmenschliche Fertigkeiten. Es ging um Kommunikation und darum, ein Ziel nicht aus den Augen zu verlieren. Zwischendurch machten wir eine kleine Pause.

Die Eltern-Skills-Gruppe dauerte immer eineinhalb Stunden. Das Besondere an diesen Treffen war, dass viele verschiedene Meinungen ausgetauscht wurden und der ein oder andere sogar neue Eindrücke und Denkanstöße mit nach Hause nehmen konnte.

Das unbekannte Mädchen

Als Selina Besuch bekam von ein paar Freunden, fragten sie mich, ob ich mit in die Raucherecke kommen würde. Ich griff eine Decke und rannte hinterher. Ich kannte die Personen nicht, doch ein Mädchen, das sehr nett zu sein schien, stellte sich mir vor. In ihrer Hand trug sie eine alte Gitarre mit vielen Unterschriften und Stickern. Ich fand die Freunde von Selina echt nett. Wir setzten uns in der Raucherecke auf die von mir mitgebrachte Decke und aßen Kekse. Das Mädchen begann, etwas auf der Gitarre zu spielen, und allmählich kamen immer mehr Leute zu uns. Sie konnte echt gut spielen.

Ich fragte, ob ich ihre Gitarre auch mal nehmen dürfe, erklärte aber gleichzeitig, dass ich nicht so gut spielen könne wie sie. Nachdem ich ein bisschen darauf herumgeschrammelt hatte, zeigte das Mädchen mir vier Griffe, die, wie ich fand, ziemlich leicht waren. Und ich spielte prompt drauf los. Ganz stolz, weil ich innerhalb von wenigen Minuten etwas Neues gelernt hatte. Ich spielte und spielte. Auf einmal fingen alle an, das Lied Zombie zu singen. Ich war so glücklich, dass ich gar nicht mehr aufhören konnte zu grinsen. Und so begann meine Leidenschaft für das Gitarrespielen.

Ich rannte zurück auf die Station, direkt in mein Zimmer, um dort mein Cajon zu holen, das mir mein Vater geliehen hatte, um nicht ganz mit der Musik aufhören zu müssen. Es war ein tolles Gefühl, Menschen mit meiner Musik beeindrucken zu können.

Mein erster eigener Song

Ich hatte schon immer gerne geschrieben. Und am besten konnte ich nachdenken oder etwas loswerden, wenn ich einfach drauflos schrieb. Ich saß in der Mittagspause in meinem Zimmer und spielte ein paar Akkorde auf der Gitarre, die ich mir von der Station geliehen hatte. Und mit jedem Akkord wurde ich mehr und mehr in ihren Bann gezogen.

Ich wusste, dass die DBT bald abgeschlossen wäre. Was mich sehr traurig machte, weil ich mittlerweile echt gerne daran teilnahm und all diese tollen Menschen, die mich umgaben, in mein Herz geschlossen hatte. Und so spielte ich und begann, meinen Gefühlen freien Lauf zu lassen. Ich schrieb auf, was mir gerade so in den Sinn kam. Und heraus kam ein tolles Lied, in dem ich mich für die Zeit bedankte, die ich in der Klinik verbracht hatte, und dafür, dass ich so viel erleben durfte. Ich war eine völlig neue Person geworden. Also, immer noch die alte, aber mit neuen Erkenntnissen und positiverer Einstellung. Ich war so dankbar für alles, was ich gelernt hatte. Ich war voller neuer Energie und Freude, hatte wieder Spaß am Leben. Ich war glücklich!

Dann kam der Abschied. Er fiel mir nicht gerade leicht, aber ich wusste, ich würde wiederkommen und all die Menschen, die mir durch eine Zeit geholfen hatten, die mich verändert hatte, niemals vergessen.

Ich wurde für drei Wochen entlassen. Ich kann mich nicht mehr genau daran erinnern, was in dieser Zeit passiert ist. Ich weiß aber noch, dass damals meine Uroma starb. Sie war 98 Jahre alt. Ein stolzes Alter. Als sie im Bad stürzte, bekam sie ein neues

Hüftgelenk und war sehr lange im Krankenhaus. Durch das viele Liegen bekam sie Wasser in ihre Lunge, wodurch ihr das Atmen schwerfiel. Sie tat mir leid. Ich besuchte sie, sooft es ging. Sie konnte sich zum Schluss nur noch an wenige Dinge erinnern. Und ein paar Wochen bevor sie starb, erkannte sie mich nicht mehr. Sie glaubte immer, wenn ich sie besuchen kam, ich wäre eine Krankenschwester. Anfangs fand ich das amüsant. Und ich konnte mir teilweise ein Schmunzeln nicht verkneifen. Doch dann begann sie, Dinge zu sehen, die überhaupt nicht im Raum waren. Zum Beispiel Blumen, die auf einem Tisch standen. Aber da war noch nicht einmal eine Vase.

Ich kann mich noch daran erinnern, wie mich meine Mutter eines Nachts weckte. Sie war verheult und hatte Augenringe. Zärtlich nahm sie meine Hand und kniete sich vor mein Bett. Sie berichtete mir, das Krankenhaus habe angerufen und Oma sei jetzt im Himmel. Ich wusste, dass sie nun keine Schmerzen mehr hatte, dass sie erlöst war von dem Leid. Zum Abschied (und teilweise auch zur Verarbeitung) legte ich ihr einen Brief in den Sarg. Es war sehr erleichternd.

In der Zeit zwischen dem Ende der DBT-A und der Traumatherapie, also der Zeit, in der ich zu Hause war, stand ich trotzdem in Kontakt mit der Klinik. Ich telefonierte oft mit den Betreuern der Station und vor allem mit Fee. Sie gab mir Kraft, in dieser Situation weiterzukämpfen. Manchmal rief ich auch spätabends an und sprach mit dem Nachtdienst-Betreuer. Das war immer ganz lustig. Auch wenn der ein oder andere Betreuer nicht immer erfreut war über meinen Anruf.

Ich hatte oft Flashbacks (wiederkehrende Erinnerungen an Situationen, die meine Psyche nicht verarbeiten konnte, übernormale Stresssituationen) und Panikattacken. Ich versuchte, so gut es ging, meine in der Klinik erarbeiteten Skills anzuwenden und umzusetzen. Doch manchmal half das nichts. Ich tat das, was ich am besten konnte: kämpfen.

Und ich versuchte, mit meiner Mutter oder meiner besten Freundin über meine Gefühle zu sprechen, was mir mittlerweile etwas besser gelang. Ich hatte gelernt, auf Bezugspersonen oder Menschen, denen ich vertraute, zuzugehen. Einige bemerkten sogar, wenn es mir nicht so gut ging. Ihnen konnte ich einfach nichts vormachen. Sie erkannten das falsche Lächeln, das ich zur Schau trug. Das Scheinbild, das mir über Jahre hinweg Mut, Halt und Schutz gegeben hatte.

Es gab einen Betreuer, der mir immer anmerkte, wenn es mir nicht gut ging. Rafael fragte dann, ob bei mir mal wieder wegen Überfüllung geschlossen sei. Das fand ich so cool, dass ich es später in der Wohngruppe als Codewort übernahm. Ich sagte es immer, wenn es mir schlecht ging. Manchmal lag auch ein Zettel mit einem traurigen Smiley vor meiner Tür. So wussten die Betreuer, dass ich Ruhe und Zeit für mich selbst brauchte.

Part zwei

Als ich nach den besagten drei Wochen zur Traumatherapie von Neuem in der Klinik aufgenommen wurde, kannte ich noch einige Patienten. Es hatte sich nicht viel verändert. Ich war stark genug, gegen meine Vergangenheit anzukämpfen. Den Gedanken und Bildern entgegenzuwirken und sie zu verarbeiten. Ich wusste, dass es nur wenige Situationen gab, die ich so real, so deutlich sah, dass ich sie beschreiben konnte. Die nicht einfach wieder verschwammen und mich in quälender Ungewissheit und erdrückenden Zweifeln zurückließen, weil ich sie nicht beschreiben konnte. Aber die Situationen, die mir klar vor Augen standen, über die ich sprechen konnte, waren jene, die mich nachts im Schlaf verfolgten. Die mich schweißgebadet wach werden ließen. Ich wollte sie ein für alle Mal loswerden. Ich wollte ein normales Leben führen können. Und so kämpfte ich weiter.

In der ersten Sitzung sollte ich darauf achten, was ich in mir drin spüren konnte. Das fiel mir leicht, da ich mich mit Gefühlen inzwischen sehr gut auskannte. In den weiteren Sitzungen kamen wir den Erinnerungen immer näher. Manchmal geschah es, dass ich einfach rausrannte. Die Gefühle des kleinen Kindes, das mir so oft unglaublich fremd erschien, erdrückten mich. Es war unerträglich.

Während der Traumaverarbeitung malte ich viel. In der Kreativtherapie töpferte ich eine Tasse mit der Aufschrift Motivation. Ich liebte dieses selbst gemachte Gefäß. Wenn es Situationen gab, in denen es mir schwerfiel zu sprechen oder ich keine Kraft hatte, dann schlürfte ich meinen Zaubertrank daraus. Früchtetee mit Zucker und Zitrone. Das half mir fast immer.

Wenn es möglich war, ging Fee mit mir spazieren. Das tat immer gut. Ich liebte den Wald und die Luft. Manchmal war ich während des Spaziergangs wütend oder wollte meine Gefühle nicht zulassen, dann half mir Fee. Sie redete viel, während ich schwieg. Das lenkte mich ab. Sie war echt nett. Wenn ich ein Problem hatte, konnte ich immer zu ihr kommen. Auch diesen Baum riss ich aus und begann, einen neuen zu pflanzen. Der Weg zum Ziel war noch weit, aber ich war nicht allein. Auch wenn ich mich oft allein gelassen fühlte.

Ich hatte manchmal Ausgangsstufe fünf. Das bedeutet Ausgang außerhalb des Klinikgeländes nach Absprache. Ich durfte also in die Stadt. Melissa, Lisa, Lilli, Natalia und ich fuhren also los. Natürlich hatten wir keine Fahrkarten, denn dafür hatten wir kein Geld. Es war ein komisches Gefühl, zum ersten Mal in meinem Leben bewusst etwas Falsches zu tun. Ich habe mich schon oft falsch gefühlt. Aber das war anders gewesen.

Als wir die 14 Haltestellen mit der S-Bahn, ohne kontrolliert zu werden, hinter uns gebracht hatten, gingen wir in das nahe gelegene Kaufhaus. Es war schön, einmal an einem ganz anderen, einem fremden Ort zu sein. Einem Ort, an dem mich nicht jeder kannte. An dem niemand über meine Geschichte, meine Gedanken oder meine Ängste Bescheid wusste. Ich war an einem Ort, wo es niemanden interessierte, ob ich in Jogginghosen oder im Minirock herumlief. Wobei ich die Jogginghose stets vorziehen würde.

Ich hasse Röcke, genauso wie bauchfreie Shirts, Stofffetzen, die nur einen kleinen Teil des Pos bedecken, und Kleider. Früher hatte ich Kleider sehr gerne. Ich liebte es, wie sie so schön im Wind flatterten, oder wenn man sich ganz schnell im Kreis gedreht hat. Doch dann war da dieses kleine Mädchen, das mir verbot, Kleider anzuziehen. Das nicht wollte, dass man es so nackt sah.

Wir zogen durch die Stadt, bis wir an einem Italiener haltmachten. Dort bestellten wir uns Essen, mit dem wir uns auf einer Treppe draußen niederließen. Wir waren so glücklich an diesem Abend, weil wir kein Klinikessen zu uns nehmen mussten. Denn das war nicht gerade das beste. Um ehrlich zu sein, war es sogar richtig widerlich. Ekelhaft! Es gibt keine Worte dafür, die es auf den Punkt treffen würden. Bis auf zwei Sachen, die einigermaßen genießbar waren.

Nachdem wir gegessen hatten, fuhren wir zurück in die Klinik, um rechtzeitig zur Abendrunde da zu sein. Der Berg zog sich wie Kaugummi. Aber wir kannten uns aus und nahmen eine Abkürzung über eine Seitenstraße, die in den Wald führte. In den tiefen, weiten, dunklen, Furcht einflößenden Wald. Doch so schlimm war es gar nicht. Es war beruhigend zu wissen, dass nachts niemand gerne dorthin kam und man so in gewisser Weise geschützt war. Vor all den Gefahren, die in der großen, weiten Welt so lauerten.

Du stehst da im Regen und denkst darüber nach, wie es wohl wäre, wenn du jetzt ein anderes Leben hättest. Wie es wäre, wenn du jemand völlig anderes wärst. Wie du es tagtäglich schaffst, allen dein Theaterstück vorzuspielen. Wie du nicht nur dich, sondern auch all die anderen belügen kannst. Wieso sie es dir glauben.

Eine Träne streift deine Wange. Der Regen wischt sie weg, denn er lässt dich genauso hübsch leuchten wie deine Masken. Doch er gibt dir Halt. Und die Maske stützt deine Schneekugelwelt. Die dir hilft, die dich am Leben hält. Das Dunkel der Nacht ist es, was dich fröhlich macht. Niemand kann deine Tränen hier sehen. Dein Atem gefriert fast. Du tanzt im Regen. Fühlst dich gut, denn niemand sieht deine Tränen, von denen du oftmals denkst, sie seien falsch. Auch wenn du über vieles nachdenkst, mit Ängsten kämpfst und um Hoffnung bangst. Vergiss nicht die schönen Momente deines Lebens. All die kleinen Dinge, die so offensichtlich sind, dass sie für Normalos meist unsichtbar sind. Wir nehmen sie vielleicht wahr, aber schauen sie nicht an. Wir laufen daran vorbei, vergessen die Zeit, stürzen uns in Dinge, die wir wichtig nennen. Leider fehlt oft die Zeit, um sich kurz auf ein Geräusch oder eine Sache zu konzentrieren. Es fehlt uns die Zeit zu leben. Wir sind so mit uns selbst beschäftigt, dass wir alles um uns herum vergessen und vieles verlieren. Wir sind so darauf fixiert, stark und unauffällig zu sein, dass wir nicht bemerken, wenn das Glück, die Freude oder einfach ein Lächeln vor uns liegt.

Eiskalt. Verzweiflung. Ein Meer voller Erinnerungen. Eiskalt, Trauer und Hass. Tränen voll Schmerz. Gezeichnet von der Vergangenheit. Gedacht, ohne nachzudenken. Alles gut!

Mein Problem, ich stehe vor mir und kann mich selbst nicht sehen. Alles nur Splitter im Treibsand meiner Seele. Sanduhren ohne Ende ticken ohne Begrenzung. Zeiger ohne Ziel. Hin- und hergerissen. Hoch geflogen, tief gefallen. Immer tiefer!!! Was sind das für Schatten, die meine Seele bewachen? Was ist die Kälte, die meinen Körper durchzieht? Wo sind die Menschen, die mich entlasten? Was ist es, das nicht aus meiner Seele flieht? Wo sind die Tage, an denen ich lebe? Wo sind die Nächte, in denen ich schlafe? Wo ist die Kraft, die ich hatte, und wo ist die Zeit, in der ich alles schaffe? Wann werden diese Gedanken verschwinden? Wann werde ich mich endlich wiederfinden? Wie muss ich leben, um glücklich zu sein? Oder ist meine Seele noch lange nicht rein? Was muss ich tun, um es zu begreifen? Wie viel Dunkles muss ich zerreißen? So viele Menschen kann man kennen und einige kann man verstehen. Doch wie weit muss ich gehen, um mich selbst zu sehen? Kennst du das, wenn du nicht schlafen kannst? Wenn deine Seele entflammt und wenn dein Herz laut schlägt? Kennst du das, wenn die Stille so laut ist, dass die Kälte deinen Körper beherrscht? Kennst du das, wenn dein Körper schmerzt? Warst du jemals ein trauriges Herz? Kennst du die Leere, die dann entsteht, und die Gefühle, die DU nicht verstehst? Kennst du die Tränen, die dann fallen, und die Gedanken, die sich immer mehr ballen. Kennst du das, wenn keine Hoffnung entsteht und dich scheinbar niemand versteht? Wenn deine Welt zusammenbricht. Besteht dann noch ein Leben im Licht?

Kennst du meine traurige Welt? Nein, denn ich habe sie erstellt. Entstellt zu einer neuen Welt, in der mein Leben nichts zählt. Die schöne Welt, die ich einst mal hatte, wird verbannt von der Welt, die ich hasse. Eine Welt, in der man mit der Seele sieht. Eine Welt, in der man die Wahrheit nicht kennt und alles wieder und wieder denkt. Eine Welt, in der sich eine Mauer schließt und es irgendwie trotzdem keiner sieht. Niemand versteht dieses tötende Gefühl. Niemand weiß, wie schlecht ich mich fühl. Wann geht diese Zeit endlich vorbei? Wann bin ich endlich wieder frei? Ich kann es und will es einfach nicht mehr ertragen. Wie lange halte ich noch durch? Wie lange noch?

Geschrieben von Melissa. Melissa und ich waren zur selben Zeit in der Klinik und haben uns dort kennengelernt. Zwischen uns entstand eine Freundschaft, die bis heute anhält.

Ich schreie und schreie, doch niemand hört mich, weil ich still, lautlos schreie. Ich schweige. Noch nicht einmal mein Atmen kann man hören. Deshalb schreibe ich. Aber was bringt mir das, wenn auch diese Worte niemals ankommen? Wenn noch nicht einmal mein Schweigen verstanden wird? Wer versteht dann erst meine Worte? Worte, die manchmal so eine Wucht mit sich bringen, dass sie tief treffen. Dass sie alles zerstören. Oder niemand sie versteht ...

Nur ein Schlag. Peng! Und alles ist kaputt.
Nichts hält mehr stand.
Alles verläuft im Sand.
Die Zeit.
Die Erinnerung.
Halt!
Die Erinnerung kann uns keiner nehmen.

Und das ist manchmal ziemlich scheußlich, denn sie zerstört mich. Die Hülle, die ich bin. Doch wenn da mal irgendwo ganz tief in mir drin etwas auftaucht, dann wird auch das zerstört. Ich schweige, aber mein Kopf ist so voller Wörter, dass ich gar nicht mehr weiß, wohin damit. Also schweige ich lieber. Weil ich die Worte nicht verstehe. Ich kenne diese Worte nicht. Ich kenne nur die Leere, den Schmerz, die Verzweiflung. Und irgendwann kannte ich auch etwas, das sich, glaube ich, Glück nennt. Aber was das war, keine Ahnung. Ich glaube, ich weiß es, aber mein Kopf ist so überfüllt von all diesen unbekannten Worten, dass mir so etwas wie denken schwerfällt.

An einem Freitag, an dem ich in der Klinik bleiben musste, weil ich mich nicht an die Regeln gehalten hatte, und ich auch nach Hause gehen konnte, weil mich mal wieder die Gedanken an den Tod heimgesucht hatten, was ich allerdings niemandem mitgeteilt hatte, kam ich von einem Spaziergang zurück. Ich kann mich noch daran erinnern, weil an diesem Wochenende viele Patienten auf der Station waren. Unter anderem Sibille. Sie war ein Problemfall, denn sie haute oft ab, trieb die Betreuer in den Wahnsinn und war die meiste Zeit ihres Aufenthalts im Akutbereich.

Ich klingelte an der Tür, die zur Station führte, da gerade wieder mal geschlossen war. Nach dem fünften Klingeln erschien eine Betreuerin total genervt an der Tür und schloss auf. Ich erschrak, weil mir Notärzte und Sanitäter direkt in die Arme liefen. Sie transportierten Sibille auf einer Trage nach draußen. Wir waren alle nicht überrascht wegen dieser Situation, denn es kam oft vor, dass Sanitäter auf der Station waren. Sie brachten Neuaufnahmen oder holten jemanden ab. Bei Sibille war es mal wieder ein Transport ins Krankenhaus. Sie hatte sich (wie schon so oft) versucht das Leben zu nehmen. Ich glaube, während meines gesamten Aufenthalts hat sie es so oft probiert, dass selbst die Betreuer irgendwann aufgehört haben zu zählen.

Es war keine schöne Situation. Aber irgendwie auch Routine. Es war befremdlich zu sehen, wie sie da lag. Wie viele Schnitte ihren Arm zierten. Die Blicke der anderen zu bemerken und mich selbst zu fragen: „Was, wenn das du wärst?" Denn ich hatte zum ersten Mal Freunde. Menschen, die mir das Gefühl gaben, etwas wert zu sein. Auch wenn ich mich selbst nicht immer als etwas Wertvolles betrachtete. Um ehrlich zu sein, ich wünschte mir sogar, ich würde dort auf dieser Trage liegen. Und nie wieder aufwachen. Aber das konnte ich niemandem sagen, denn dann würden sich alle Sorgen machen. Und das konnte ich mit mir nicht vereinbaren. Denn die schlimmsten Worte, die ich je gehört habe, waren: „Lea, ich mache mir Sorgen um dich. Was ist nur los mit dir?" Ich hasse diese Worte. Heute noch. Und doch kommt es immer wieder vor, dass sich jemand Sorgen um mich macht.

Bald stand die Rückführung nach Hause an. Aber ich konnte nicht nach Hause. Ich wollte nicht nach Hause, denn es war der Ort, an dem alles begonnen hatte. Der Ort, an dem sich das kleine Mädchen von mir abwandte und nie wieder zurückkam. An dem ich Schmerzen spüren musste und Worte so scharf und klar in meinen Verstand eindrangen, dass ich starr und kalt wurde. Der Ort, an dem ich begonnen hatte, eine hohe Mauer um mich herum zu errichten, um nicht erkannt zu werden. Um niemandem meine wahren Gefühle zu zeigen. Der Ort, an dem ich mein ICH verlor und die Maske als meinen Freund bezeichnete. Wo ich morgens aufstand und hoffte, den Tag zu überstehen, egal wie.

Ich hatte große Angst, sofort wieder in das alte ICH zurückzufallen. Ich wollte keine Angst mehr haben. Ich wollte glücklich sein. Außerdem wollte ich meine Mutter nicht verletzen. Ich wollte sie nicht wieder enttäuschen. Ich wollte dieses Mal alles richtig machen. Ich wollte LEBEN!

Auch wenn es keine leichte Entscheidung war und ich mich sehr lange damit auseinandergesetzt hatte, kam ich zu dem Entschluss, in eine Wohngruppe zu ziehen. Es handelte sich dabei um eine speziell auf das DBT-Programm zugeschnittene Wohngruppe, die einem helfen sollte, das Erlernte im Alltag anwenden zu können. Sie befand sich zu jenem Zeitpunkt aber noch in der Einfindungsphase, da sie erst neu eröffnet worden war.

Meine Familie verstand nicht, warum ich nicht mehr nach Hause wollte. Wieso ich mich so dagegen wehrte. Doch ich hatte Angst. Angst, zurückzukehren und wieder in dieses alte Leben zu treten. Ich hatte Angst, mich wieder zu verlieren, denn ich hatte gerade erst begonnen, mich neu zu finden. Mich in der Welt, die nur für mich existent war, so zurechtzufinden, dass ich in der normalen Welt Fuß fassen konnte. Doch das ging nur Stück für Stück. Ganz langsam. Deshalb wollte ich nicht nach Hause.

Ich hatte einen Termin mit der zuständigen Jugendamtsmitarbeiterin, bei dem wir über die Therapie sprachen. Aber im Vordergrund stand die Idee mit der WG. Fee war auch dabei. Ich war so aufgeregt, aufgewühlt und nervös, dass ich keinen Ton herausbrachte. Mich hat außer meiner Familie niemand in der Psychiatrie besucht. Ich hatte sonst ja auch niemanden. Aber die verstanden so vieles nicht. Frau Becker vom Jugendamt notierte sich alles und leitete den Rest in die Wege.

Von da an konnte ich wieder etwas freier atmen, denn meine Mutter war strikt dagegen, dass ich in die Wohngruppe zog. Aber es war mein Wunsch. Der einzige, den ich hatte.

Immer wieder tobten die Stimmen in meinem Kopf. „Was tust du deiner Mutter an? Wie kannst du nur?“ Aber auch: „Es ist das Beste für dich, du musst an dich denken!“

Ich hatte tatsächlich Glück und bekam den Platz in der WG. Ich war glücklich, aber auch gequält von dem Gedanken, was ich meiner Familie damit antat. Doch mein Ziel war es, irgendwann wieder nach Hause zurückzukehren, ohne Angst haben zu müssen. Vor mir selbst und vor der Vergangenheit, den Gedanken, die mich jeden Tag mehr oder weniger heftig heimsuchten.

Doch bis zum Umzug in die WG verging noch einige Zeit, denn mein Entlassungstermin wurde immer wieder verschoben.

Mittlerweile war Silvester vorbei und ich war zwischenzeitlich auch zu Hause gewesen. Doch der Entlassungstermin stand immer noch in weiter Ferne. Erst hieß es am 20. Januar. Dann am 3. Februar. Ich plante schon, wie ich meinen Geburtstag in der Klinik feiern würde, als mir die Entscheidung abgenommen wurde, denn am 24. Januar wurde mein Umzug angesetzt.

Ich wurde morgens wie immer um sieben Uhr geweckt. „Meine letzte Morgenrunde“, dachte ich wehmütig und kämpfte mit den Tränen, denn so langsam wurde mir bewusst, dass ich wirklich gehen würde. Dass ich all die Menschen, die ich mittlerweile ins Herz geschlossen hatte, zurücklassen musste.

Im Frühstücksraum ging das Licht an und alle sangen „Happy birthday“ für mich. Es war so rührend, mein Sitzplatz war geschmückt mit einer Papptorte und bunten Papierschnipseln. Auf meinem Teller lag ein Berliner.
„Endlich 14!“, schrie Larissa und umarmte mich von hinten.

Nach dem Frühstück packte ich meine letzten Bücher in die Tasche, als auch schon Fee kam. Wie immer gingen wir spazieren. Doch dieses Mal war es anders, weil wir wussten, es ging etwas zu Ende. Es war der Abschluss eines Kapitels, von dem ich profitieren würde. Ich begriff, dass jetzt etwas Neues begann. Etwas, an das ich mich erst gewöhnen musste. Doch Fee war zuversichtlich, denn ich war eine der wenigen, die so viel und so intensiv an sich gearbeitet hatten. Ich war mir während der Therapie vorgekommen wie ein Schwamm, der alles ganz tief in sich einsaugte und nie wieder ausgedrückt werden würde. Ich wusste, dass ich meine Therapeutin nie wiedersehen würde. Und dass all die Freundschaften, die ich in der Klinik geknüpft hatte, irgendwann auseinanderbrechen würden, denn das Leben dort war nicht wie das Leben draußen. Ich musste nun beginnen, meinen eigenen Weg zu gehen. Einen neuen Lebensweg. Mit ganz neuen Eindrücken und Situationen, die ich zu bewältigen haben würde. Ich wusste, wenn ich Fee losließ, würde das Neue anfangen.

Ich verstand, dass ich mich den neuen Herausforderungen zu stellen hatte, und so verabschiedete ich mich von den Betreuern, den Therapeuten, meinen Freunden.

Fee begleitete mich zum Auto und umarmte mich ganz fest. Und dann fuhren wir los. Zwei Orte weiter. Dorthin, wo ich schon sehnlichst erwartet wurde.

Anett begrüßte uns, meine Mutter, deren Freund und natürlich mich. Sie war groß, blond und hatte ein so nettes Lächeln, dass mir jedes Mal ganz warm ums Herz wurde, wenn ich es sah. Ich kannte sie von den Skills-Gruppen der Klinik, da sie sich so auf die DBT-Wohngruppe vorbereitet hatte. Immer wenn sie mich in der Klinik gesehen hatte, hatte sie mir zugelächelt. Und jetzt lernte ich sie näher kennen, obwohl sie allerdings nicht so oft bei uns war, denn sie leitete die Gruppe.

In einem kleinen Raum, in dem eine Couch, ein großer Tisch mit acht Stühlen, ein Computer und eine Kaffeemaschine standen, nahmen wir Platz. Der Raum war ebenso gemütlich wie der Rest des Hauses. An dem Gespräch nahm auch ein Mann teil, den ich bis zu diesem Zeitpunkt nicht gekannt hatte. Er hieß Fabian. Ein auf den ersten Blick sympathischer junger Mann. Doch ich hatte mit Männern nie viel am Hut gehabt. Ich blieb gerne auf Sicherheitsabstand. Aber dieser Mann würde mir schon bald zeigen, dass es nicht nur böse, sondern auch gute männliche Wesen gab. Denn Fabian war mein Bezugsbetreuer. Im ersten Moment, nachdem Anett mir dies mitgeteilt hatte, blockte ich ab, doch ich wollte weiterkommen, wollte ein normales Leben. Ich musste – komme, was wolle – gegen die Vergangenheit ankämpfen, also stimmte ich zu. Aufgrund meiner spontanen ersten Reaktion beschloss Anett, dass ich noch eine Bezugsbetreuerin bekommen sollte.

Nach dem Gespräch zeigten Anett und Fabian uns das Haus. Aber das Wichtigste war natürlich mein Zimmer: ein heller, nach frischem Holz duftender Raum mit weißen Wänden, einem Schreibtisch samt Stuhl, einem großen Bett und einem Schrank mit Spiegel. Ich war die erste Bewohnerin dieses Zimmers. Etwas Besonderes, wie ich fand. Fabian half mir, meine Sachen in mein neues Zuhause zu tragen.

Als wir fertig waren, lernte ich Natalie kennen. Sie war die Krankenschwester der Wohngruppe. Zu ihren Aufgaben gehörte es unter anderem, zu kochen, Medikamente zu richten, Wunden zu verbinden und manchmal auch zu putzen. Zu meinem Einzug, der gleichzeitig mein Geburtstag war, hatte sie für mich einen Marmorkuchen gebacken. Er war superlecker und half mir auch ein bisschen dabei, zu vergessen, dass ich neu war. Auch wenn ich die meisten Bewohner aus der Klinik kannte.

Irgendwie war der Gedanke an ein Leben, aus dem ich mich für sechs Monate und dreieinhalb Wochen ausgeklinkt hatte, komisch. Es war ungewohnt in dieser Welt.

Ich durfte zur Feier des Tages mit meinen Eltern in die Stadt fahren und meinen Geburtstag feiern. Es war ein unvergesslicher Tag. Viel schöner als mein letzter Geburtstag. Am frühen Abend verabschiedete ich mich von meinen Eltern. Es war ein schöner Tag. Einer der schönsten meines jungen Lebens.

Später lernte ich die Nachtdienst-Betreuerin kennen. Juli war Mitte zwanzig, etwas größer als ich und hatte lange braune Haare. Es war mein erster Abend in der WG und ich fand es super. Die erste Nacht in diesem neuen Bett war nicht schlimm, denn ich war es mittlerweile gewohnt, in fremden Betten zu schlafen. Abgesehen davon hatte ich meinen Felix, einen Teddy, den mir meine Mutter zum Geburtstag geschenkt hatte. Er war weich und kuschelig. Ich nahm ihn fest in meine Arme und schlief ein.

Am nächsten Tag lernte ich weitere Betreuer kennen, alle gratulierten mir nachträglich und alle waren sehr nett. Ich half Natalie beim Mittagessenmachen, danach nahm ich meine Gitarre und setzte mich auf den Balkon. Natalie mochte meine Musik. So wie komischerweise viele. Doch ich konnte es manchmal nicht verstehen, wieso mich alle mochten. Wieso sie nur Gutes über mich zu erzählen hatten.

Der erste Schultag

Nach drei Wochen hatte ich endlich eine adäquate Schule gefunden, denn das Schulsystem im Saarland ist etwas anders als in Rheinland-Pfalz. Fabian fuhr mit mir den Schulweg ab. Das gab mir Sicherheit. So wusste ich ganz genau, wann ich wohin musste. Den Schulleiter hatte ich in einem persönlichen Gespräch kennengelernt, ebenso wie meine Lehrer. Das war Fabian und auch mir wichtig gewesen. Und doch war ich mir nicht ganz sicher, ob es richtig war.

Niemand wusste, dass ich in der Klinik gewesen war. Nur meine Lehrer. Ich schien ein ganz normales Mädchen zu sein. Zumindest versuchte ich es, so gut es ging. Doch ein Mädchen, das selbst im Sportunterricht einen Pullover trug und sich zum hastigen Umziehen in eine Ecke stellte oder auf der Toilette verschwand, war etwas auffällig. Das bemerkten selbst die Schülerinnen, die sich sonst nur auf Türkisch oder in gebrochenem Deutsch unterhielten.

Ich gehörte nie wirklich richtig dazu. Dennoch lernte ich ein Mädchen kennen, das mich irgendwie inspirierte. Ihr Name war Aurelia. Sie war meine einzige Freundin an dieser Schule. Aber das war nicht schlimm. Denn ich hatte mich noch nie gerne mit Gleichaltrigen abgegeben. Oder Jugendlichen, die nicht viel von einem gewissen Grad an Intelligenz hielten. Ich war gerne mit Älteren zusammen.

Aurelia wohnte ebenfalls in einer Wohngruppe und zufälligerweise kannte sie Anett. Ihr hatte ich erzählt, wie kaputt meine Seele wäre und dass ich erst vor Kurzem aus der Klinik entlassen worden sei. Aber sie fand dies nicht schlimm, im Gegenteil, sie mochte mich so, wie ich war, und war damit eine der wenigen. Denn ich war nicht immer einfach.

Und so versuchte ich mich in den Alltag zurückzukämpfen. Ich kam mir mehr als einmal so vor, als sei ich in einer fremden Welt gelandet. All die grausamen Dinge, die mich umgaben, wirkten, als stände ich mittendrin. Ich wollte das nicht. Ich wollte wieder zurück ... zurück an einen sicheren Ort, an dem es diese Grausamkeiten nicht gab.

Es dauerte eine Weile, bis ich Fabian richtig vertrauen konnte. Er gab mir jedoch die Zeit, die ich brauchte. Er war anders als alle, die ich bisher kennengelernt hatte. Er stand zu seinem Wort. Wenn ich mit ihm in einem Raum alleine war, durfte ich entscheiden, ob ich die Tür lieber auf- oder zumachen wollte. Ich durfte wählen, was ich ihm erzählen mochte und was nicht. Das gab mir ein Stück weit Kontrolle, die ich bis zu diesem Zeitpunkt nicht gekannt hatte.

Es war so anders. So ungewohnt. Aber es machte es leichter. Ich war ihm dafür sehr dankbar, denn er konnte ja nichts für das, was ich erlebt hatte. Er war nicht schuld daran.

Wir unternahmen viel zusammen, gingen spazieren oder nach der Schule Döner essen. Es machte immer mehr Spaß, mir selbst zuzusehen, wie ich loslassen konnte. Wie ich langsam zu vertrauen lernte und mich selbst nicht mehr für etwas schämte, an dem ich nicht schuld war. Es tat gut zu begreifen, dass man mit mir nichts gegen meinen Willen machte. Fabian und ich lachten viel zusammen. Er war ein echt cooler Betreuer. Für mich wurde er immer mehr zu einer Art Freund. Er war sehr verständnisvoll, wenn mich etwas belastete. Manchmal wusste ich nicht, ob ich mit ihm darüber sprechen sollte, über Dinge, die mir andere

Männer angetan haben. Oder Probleme, von denen ich dachte, die hätten nur Mädchen. Aber mit ihm konnte ich über alles reden. Egal, was es war.

In der Schule, die ich im Saarland besuchte, war ich nicht sehr glücklich. Ich erinnere mich daran, wie mich ein Klassenkamerad darauf ansprach, was ich da an meinen Armen hätte. Seitdem war ich das Opfer. Ich wurde blöd angestarrt oder bekam Sachen an den Kopf geworfen wie: „Du da! Ey, du mit den hässlichen Narben! Was machst du hier? Wieso bist du nicht mehr in der Psychiatrie?"

Ich hatte niemandem etwas davon gesagt. Niemandem. Nur Aurelia. Aber sie schwor mir, dass sie nichts weitergesagt hatte. Und wieder stand ich zwischen Glauben und Enttäuschung. Doch welchen Grund hätte sie gehabt, mich zu verraten?

Ich ging nicht gerne in jene Schule. Ich fühlte mich aufgrund der illegalen Geschäfte, der ungewohnten Eindrücke, die ich dort gewann, und der Menschen einfach nicht wohl. Ich wollte wieder in meine alte Schule. In die Schule, die ich seit dem Hilfeschrei nicht mehr betreten hatte. An den Ort, an dem ich mein Ding durchziehen konnte, wo mir geholfen wurde. Ich wollte nicht mehr in die neue Schule, denn sie war voller Verlockungen. Voller Menschen, die nur darauf warteten, jemanden zu Boden zu drücken. Ich hatte Angst. Vor meiner Klasse, vor den Menschen. Ich sehnte mich nach der Umgebung, die ich gewohnt war.

Ich erzählte in der Wohngruppe, was los war. Warum ich die Schule mied, stattdessen lieber in meinem Bett liegen blieb und irgendwelche Krankheiten erfand. Die Betreuer verstanden mich. Doch in Deutschland gilt die Schulpflicht. Also musste ich hingehen.

Fabian erstellte mit mir zusammen einen Hilfeplan. Für jeden Tag, an dem ich in der Schule war, bekam ich einen individuellen Smiley. Wenn der Kalender voll wäre, hat Fabian mit mir ausgemacht, dürfte ich mir etwas wünschen.

Also ging ich zur Schule, egal, ob ich wollte oder nicht. Ich musste. In den Pausen beobachtete ich Jugendliche beim Dealen und andere, die sich prügelten. Ich sah jeden Tag, wie Schüler unerlaubterweise das Schulgelände verließen, um zu rauchen. Manchmal auch einen Joint ... Einige verließen die Schule in der Pause. Andere kamen wieder zurück.

Die Zeit in der Wohngruppe verging mal schneller und mal langsamer.

Jeden Mittwoch hatten wir Gruppenaktivität, an der jeder Jugendliche teilnehmen musste. Es sei denn, jemand war krank. Dann musste er im Bett beziehungsweise im Zimmer bleiben. Wir machten jede Woche etwas anderes. Mal durchquerten wir den Wald oder wir spielten Badminton in der nahe gelegenen Sportanlage. Uns fiel immer etwas ein. Ich war gerne mit der Gruppe zusammen, denn sie war mein Halt. Wenn es einem schlecht ging, halfen wir uns gegenseitig wieder auf. Wir waren wie eine kleine Familie. Jeder nahm auf jeden Rücksicht.

Fabian und Simone leiteten die Gruppenaktivität. Es war immer etwas Besonderes, wenn Simone und Fabian zusammen waren. Denn sie ergänzten sich so gut, dass jeder mindestens einmal grinsen musste, wenn sie zusammen Dienst hatten oder wir mit der Gruppe unterwegs waren.

Im Sommer wurde uns oft ein Eis spendiert. Oder ein Getränk an der wilden Ente. Es war schön, einen Ort zu haben, an dem man so sein konnte, wie man war, und kein Theaterstück vorspielen musste. Egal, welcher Betreuer Dienst hatte, irgendwie bemerkte jeder, wenn es mir schlecht ging. Sie kannten mich alle zu gut. Manchmal war das aber auch ein Vorteil für mich. Denn wenn ich über etwas nicht sprechen konnte, suchte ich mir andere Mittel, um meine Sorgen auszudrücken. Und diese kannten die Betreuer. Ich konnte ihnen einfach nichts verheimlichen. Zumindest nicht meine Stimmung ...

Der Kopf ist so voller Wörter, dass ich nicht weiß, wo ich anfangen soll. So viele Gefühle, dass ich mich leer und unverstanden fühle. So einsam und gehasst von der Welt, dass ich kalt und abweisend wurde. So verlassen und leer, dass der Schmerz mich erdrückt.

Niemand kann mir helfen, denn niemand weiß, wie es sich anfühlt. Niemand weiß, wie es ist, so zu sein. Niemand kennt diese Schlacht, die sich in mir abspielt. Menschen, denen ich etwas bedeutete, stieß ich in solchen Kämpfen weg. Denn ich wollte sie vor Wunden bewahren.

Vor einer Explosion.

Vor der Eiseskälte, die ich in mir trug.

Vor der Wut.

Vor der Trauer.

Aber vor allem wollte ich eins:

sie vor mir schützen.

Ich war ein Monster. Eine Zeitbombe, die jede Sekunde hochgehen könnte.

Ich wollte niemanden verletzen.

Mich nicht für Dinge rechtfertigen, die mich zu dem Wesen gemacht haben, das ich nun war.

Jeden Abend ging ich nach draußen mit den Kopfhörern im Ohr. Und den streitenden Worten in meinem Kopf, die schließlich von Fragen übertönt wurden. Schritt für Schritt, auf der Suche nach mir selbst.

„Was ist los mit dir?“, schreit die Stimme in meinem Kopf. Noch ein paar Schritte und ich bin an der Bank. Ich sinke hinab. Versinke in mir selbst, in der leeren Hülle.

Die Stille, die mittlerweile eingetreten ist, weil die Musik zu Ende ist, erdrückt mich. Sie schmerzt. Mein Blick fällt zu Boden. Niemand hält mich. Doch da kamen Florian und Lisa. Sie reißen mich aus meinen Gedanken. Aus der unerträglichen Stille. Und schließlich verschwinden all die bösen Gedanken für einige Zeit …

Die Stimmungsschwankungen waren auch in der Wohngruppe da. Wie denn auch nicht, schließlich sind sie ein Teil von mir. Doch ich konnte anders damit umgehen. Wenn ich richtig euphorisch war, dann lachte ich ununterbrochen. Manchmal, wenn ich fröhlich war, kam es sogar vor, dass ich andere in gute Laune versetzen konnte. Ich weiß bis heute nicht, wie ich das hinbekam, aber ich konnte es. Und das ist so unbeschreiblich schön, dass ich, wenn es heute manchmal noch passiert, weinen muss vor Freude. Denn was ist schöner, als einen Menschen lachen zu sehen?

Sehe all die Narben auf meinem Körper, die so unberührbar falsch scheinen. Streiche mit geschlossenen Augen darüber. Ich spüre sie jeden Tag und erinnere mich jedes Mal zurück. An Tage voller Hass, Angst, Trauer und Schmerz. Doch die meisten Narben entstanden durch Enttäuschung oder Verzweiflung. Manche aber auch durch Selbsthass, der eigentlich jemand anderem galt. War oft entsetzt von meinem Handeln. Mir und auch anderen gegenüber. Ich hatte verlernt, wie man atmet.

Bilder der Vergangenheit.
Denke, ich hab abgeschlossen.

Denn mit jedem Jahr wird der Abstand größer und Kapitel für Kapitel klappt friedlich zu. Doch so manche Erinnerung werde ich auch trotz des Verblassens niemals vergessen können. Habe oft das Gefühl, in alte Verhaltensmuster zurückzufallen. Denn da sind manchmal noch alte Gedanken und Gefühle in mir. Habe Angst, dass meine Kraft, die ich heute habe, stetig sinkt und die Schwelle zu altbekannten Tagen schwindet. Immer öfter taucht das alte ICH auf.

Vergangenheit und Gegenwart vermischen sich.
Gehen ineinander über wie Farbkleckse.
Erneut steht mir die Leere ins Gesicht geschrieben.

Cookie und ich fuhren jeden Morgen denselben Weg zur Schule. Irgendwann kam auch Lisa dazu, denn sie wechselte auf eine andere Schule, aber der Unterricht fand in meiner Schule statt. Das fand ich echt cool, denn so hatte ich jemanden zum Reden, weil Cookie schon fünf Haltestellen früher ausstieg.

Im Französischunterricht lernte ich Isaac kennen. Zu dieser Zeit war er noch nicht lange in Deutschland und sprach deswegen nur Englisch und Französisch. Er redete mich an. Ich wusste nicht, wie ich auf ihn reagieren sollte, aber ich tat einfach so, als wäre alles normal. Er war nett. Und in den Pausen sprachen wir oft miteinander.

Irgendwann fragte er mich dann, ob wir uns nicht einmal in der Stadt treffen wollten. Ich wollte nicht alleine gehen, also nahm ich Aurelia mit. Denn sie war auch im Französischunterricht. Es wurde ein toller Nachmittag. Isaac erzählte mir von seiner Familie, die in Nigeria wohnte. Und dass er in einer Wohngruppe für Flüchtlinge lebte. Er liebte Musik genauso wie ich, deshalb trafen wir uns immer öfter, um zusammen Musik zu machen.

Immer mehr kam es mir so vor, als würde er sich in mich verlieben. Einmal gingen wir bei Rot über die Ampel, es kamen keine Autos, aber ich sagte ihm, dass es nicht richtig sei, was wir da täten. Er antwortete nur, dass er mich beschützen würde. Auf der einen Seite fand ich das lieb von ihm, aber auf der anderen war mir das irgendwie zu nah.

Irgendwann hatten wir mal in der ersten und zweiten Stunde frei, weil Französisch ausfiel, und Isaac und ich beschlossen, an die Saar zu gehen. Wir sprachen über alles Mögliche, auch wenn mir manche Vokabeln fehlten. Doch wir verstanden uns immer. Da gestand er mir, dass er mich liebte. Er sagte es immer und immer wieder. Doch ich saß nur wie benebelt da. Starrte auf die Tauben, die sich im Wasser treiben ließen, und antwortete nichts. Ich war wie so oft einfach nur stumm.

Ich wollte nicht, dass er mich liebte. Ich wollte nur Freundschaft. Auch wenn ich nicht verstand, wieso er mich, ein Mädchen mit kaputter Seele und vernarbtem Körper, lieben konnte. Ich verstand noch nicht einmal, wieso er ausgerechnet mich angesprochen hatte. Wieso er mich hatte kennenlernen wollen.

Doch er liebte mich weiterhin. Sagte es mir jeden Tag. Sagte, dass er es schön fände, seine Zeit mit mir zu verbringen.

Irgendwann brach ich den Kontakt ab. Ich wusste nichts von Liebe. Ich wollte auch nichts davon wissen, denn mir war klar, dass so etwas wie Liebe verdammt wehtut und enttäuscht. Wenn ich ihm auf dem Schulhof begegnete, ignorierte ich ihn. Ich war eiskalt und ließ ihn nicht an mich heran. Er tat mir ungeheuer leid, denn abgesehen davon mochte ich ihn gern. Und so begann ich, wieder mit ihm zu reden.

Und dann wieder nicht.

Und dann wieder doch.

Ich verstand ihn einfach nicht. Ich verstand ihn nie.

Einmal sah ich, wie er Gras rauchte. Ich sah es nicht nur, ich stand direkt neben ihm und roch es. Ich hielt ihm einen Vortrag darüber, welche Schäden er dadurch davontragen könnte. Doch er pampte mich nur an, ich hätte doch keine Ahnung. Es würde ihm helfen, das Leben zu genießen und sich zu entspannen. Dann wäre die Schule viel schneller vorbei und das Leben würde ihn berieseln. Alles wäre dann viel sorgenfreier.

Berieselt, das war auch er. Ich hasste ihn dafür. Für die Drogen. Für seine Naivität und doch mochte ich ihn.

Die Betreuer wussten von dem Hin und Her in mir. Von den Drogen, die er nahm, und davon, wie ich mit mir kämpfte. Ich schwankte zwischen lieben und hassen. Oder doch eher mögen? Ich wusste es nicht. Ich war gefangen in einem Käfig. So wie immer. Doch vor jedem Treffen war ich nervös und aufgeregt. Ich hasste es, hasste diese Gefühle. Und so verging die Zeit ...

Es ist nicht leicht, ein Clown zu sein

Ein neuer Tag beginnt. Ich stehe auf und suche mein Lächeln, denn seit gestern ist es verschwunden. Ich weiß nicht wieso und auch nicht warum. Ich weiß noch nicht mal, wohin es gegangen ist. Doch was ich weiß ist, dass ich heute anders bin. Ich habe das Gefühl, als wäre ich stehen geblieben, während die Welt um mich herum sich weiterdreht. Als würde ich mich selbst festhalten, während mein Körper weiterläuft. Als könne ich mir zusehen, wie ich an mir vorbeilaufe, ohne mich zu bewegen.

Ich kann mein Lachen nicht mehr finden. Wo hab ich es nur versteckt? Suche überall nach mir. Wo hab ich mich nur versteckt? Menschen stellen mir Fragen, während ich versuche, Antworten zu finden. Antworten auf Fragen, die ich mir selbst stelle. Und gebe Antworten, deren Bedeutung ich nicht kenne. Ich fasele irgendetwas von „Mir geht es gut". Doch niemand bemerkt, wie sich die Worte in meinem Mund verheddern. Ich versuche, ruhig zu atmen. Nicht nervös zu werden. Aber da stehe ich. Neben mir. Traurig und kalt, während ich versuche, zu lächeln und Gleichungen zu lösen. Eine Lösung zu finden, damit ich mein Lächeln wiedergewinne. Eine Lösung, um mich selbst wiederzufinden und gleichzeitig wieder lachen zu können, ohne daran denken zu müssen, ob es echt wirkt oder ob mein Gegenüber etwas bemerkt.

Ich laufe den ganzen Tag neben mir her. Ich sehe mich rastlos an mir vorbeihetzen, während mein Körper vor dem Klassensaal steht und versucht, einem Lehrer zu erklären, dass es mir gut geht. Dass ich heute anders spreche, weil ich noch müde sei. Er schenkt mir einen ungläubigen Blick und wir gehen ins Klassenzimmer. Im Unterricht denke ich darüber nach, wo ich mich versteckt haben könnte. Und ob ich mich morgen wiederfinden werde. Oder ob dieser Zustand wohl länger anhalten wird.

Der Unterricht ist vorbei und ich warte weitere fünf Stunden auf das Ende. Dann klingelt es und ich kann zum Bus gehen. Dort erwartet mich ein Dutzend junger Menschen, die sich vor dem Bus aufbauen und sich gegenseitig hin und her schubsen, nur um einen Platz zu bekommen. Ich bin die Letzte, die einsteigt. Ich grüße die Fahrerin und suche mir einen einigermaßen guten Stehplatz. Nur keinen Körperkontakt. Mein Blick fällt aus dem Fenster.

Zu Hause angekommen lege ich meine Sachen ab. Doch die Leere bleibt. Nichts ist schlimmer als die anstrengende Stille des Alleinseins. Diese Stille, die irgendwann zu schreien beginnt, und du kannst nichts tun, als darauf zu warten, dass sie vorüber ist. Ich suche in jedem Schrank, in jeder Ecke, doch ich kann mich nicht finden. Vielleicht gibt es ein Morgen, an dem ich mich finde.

Vielleicht muss man sich erst verlieren, um sich wiederzufinden ...

Vielleicht gibt es ein Morgen, an dem ich wieder lachen kann. Fröhlich und gut gelaunt so sein kann, wie ich mich selbst kenne. Denn momentan bin ich mir fremd. Und doch spiele ich mein Theaterstück weiter in der Hoffnung, auch dieses Mal aus dem Loch herauszufinden.

Wenn Andrea Nachtdienst hatte, gab es immer Kakao mit viel Liebe. Sie war wie eine Oma, von der es nie genug positive Ausstrahlung und Zuneigung geben konnte. Immer ein offenes Ohr. Eine warmherzige Umarmung und viele lustige Geschichten.

Manchmal saßen wir stundenlang oben im Dienstzimmer und unterhielten uns. Ich las ihr oft Gedichte oder Worte vor, die mir einfach so in den Sinn kamen (zum Beispiel den Text „Die Maske“). Und sie hörte mir aufmerksam zu. Sie war gut im Zuhören.

An den Wochenenden durften wir abends fernsehen. Und manchmal sogar etwas essen, obwohl keine Essenszeit war. Gelegentlich brachte sie uns Kekse oder Schokolade mit. An einem Wochenende hatte ich Besuch von Melissa. Sie übernachtete in der WG. Es war echt lustig, denn der Rollladen in der Küche vor der Kücheneinrichtung war kaputt. Also durften Lisa, Melissa und ich uns alles, was wir wollten, aus dem Keller holen. Es gab in der Mikrowelle erwärmte Burger, Chili con Carne mit Reis und Nudeln mit Zucker und Zimt, die wir aus der Klinik kannten. Pfirsich und Ananas aus der Dose sowie Mikrowellenkuchen, den Lisa so gern mochte. Es war ein toller Abend.

Zudem wollten wir Andrea einen Schrecken einjagen. Also nahm ich das Kunstblut, das wir an Fasnacht mit Fabian gekauft hatten, und schminkte uns drei. Lisa blutete am Auge, Melissa aus der Nase und ich am Kinn und an der Nase. Dann begann ich, einen lauten Streit mit Melissa anzuzetteln. Ich boxte gegen die Wand, schlug die Tür meines Schranks zu und wir brüllten, was das Zeug hielt. Hätten wir bloß nicht angefangen zu lachen. Doch es war alles so absurd. Und als Andrea uns schließlich sah, fragte sie uns, wieso wir so verschmiert seien. Sie begann zu lachen, denn sie begriff natürlich sofort, dass das alles nur gespielt war.

Dann machten wir Fotos und tanzten herum. Ich sollte etwas vorsingen. Irgendwann kamen wir auf die Idee, in der Klinik anzurufen, die Nummer kannten wir ja alle. Es hätte ja sein können, dass Helen vielleicht Dienst hatte. Doch sie hatte frei. Anna nahm ab, trotzdem legten wir nicht gleich wieder auf. Auch wenn wir etwas enttäuscht waren. Anna freute sich über unseren Anruf und dass wir zusammen Spaß hatten. Sie wünschte uns noch einen schönen Abend und beendete das Gespräch.

Am nächsten Tag kam Sina in die WG. Ich sah nur, wie sie Melissa eine Pille in die Hand drückte, und hörte sie sagen: „Nimm sie ganz. Am geilsten ist es, wenn du Musik dazu hörst." Ich war geschockt und hatte ein ganz komisches Gefühl. Denn ich wusste, dass Sina mal ein Drogenproblem gehabt hatte. Und dass es sich bei dieser Pille nicht um eine Kopfschmerztablette handelte, konnte ich mir nach ihren Worten auch denken.

Ich sprach Melissa darauf an, weil ich fix und fertig war. Sie erklärte mir, dass die Pille nicht für sie, sondern für eine drogenabhängige Freundin sei. Doch ich wusste, wie Drogen wirkten. Ich hatte es bei Isaac gesehen. In der Klinik. Bei so vielen. Ich hatte Angst, dass Melissa vielleicht doch die Pille nehmen würde, denn es ging ihr nicht so gut.

Ich wusste nicht, was ich machen sollte. Also ging ich nach unten in die Küche, schenkte mir ein Glas Wasser ein und versuchte, all das, was ich gerade gesehen und mitbekommen hatte, runterzuschlucken. Doch mir war Melissa wichtig. Sie war eine meiner besten Freundinnen. Sie wusste unheimlich viel von mir. Ich hatte Angst um sie.

Maja betrat die Küche und machte sich ein Brötchen. Sie saß mir gegenüber, betrachtete mich und bemerkte meine Nachdenklichkeit. Sie fragte, was los sei. Ich wusste nicht, ob ich ihr von meinem Problem erzählen sollte. Aber ich tat es, weil ich wusste, ich konnte ihr vertrauen. Auch sie war geschockt, da sie ebenfalls Sinas Vergangenheit kannte. Maja forderte mich auf, es einem Betreuer zu sagen, denn es sei verboten, Drogen mit in die WG zu bringen.

Da betrat Simone die Küche. Sie bekam ein paar Worte mit, die sie besser nicht gehört hätte. Aber letzten Endes war es ganz gut so. Ich hatte Angst. Unglaubliche Angst. Vor den Folgen, die es haben würde, wenn ich die Wahrheit erzählte. Ich hatte Angst um die Freundschaft mit Melissa, denn ich hatte ihr versprochen, niemandem etwas zu erzählen. Ich konnte es jedoch nicht für mich behalten. Es wollte raus! Und Maja erklärte, wenn ich nicht zu Simone ginge, würde sie es tun.

Schließlich wandten wir uns beide an Simone und erzählten ihr alles. Ich war gebrochen. Enttäuscht von Sina, weil sie gegen die Regeln verstoßen hatte. Enttäuscht von Melissa, dass sie es zuließ. Aber vor allem enttäuscht von mir selbst, dass ich nicht meinen Mund gehalten hatte.

Simone fand es gut, dass ich die Wahrheit gesagt hatte. Sie verstand mich. Doch Sina verstand mich nicht. Ich wollte ihr nichts Böses. Ich wollte nicht, dass sie wieder abrutschte oder sich noch kaputter machte, als sie es ohnehin schon war. Ich wollte etwas verhindern.

Auch Melissa war nicht gerade begeistert darüber, dass ich sie verraten hatte. Sie war empört, enttäuscht und verletzt. Ich konnte sie verstehen. Ich hätte vielleicht auch so reagiert. Doch ich konnte nicht anders. Die restlichen eineinhalb Tage, die wir noch zusammen hatten, war die Stimmung getrübt. Aber Melissa verzieh mir. Ein Beweis dafür, dass unsere Freundschaft echt war.

Die darauffolgenden Wochen waren nicht leicht, denn Sina nutzte jede Möglichkeit, um mich irgendwie darauf hinzuweisen, dass ich sie verraten hatte. Dass ich daran schuld sei, dass die Polizei in der WG gewesen wäre und ihr Zimmer durchsucht hätte. Dass sie aufgrund einer Maßnahme nach Spanien geschickt werden würde.

Ich war an ihrer Laune schuld. Ich war an allem schuld. Daran, dass sie Melissa einen Gefallen tun wollte, indem sie Drogen in die WG schmuggelte. Obwohl sie wusste, dass es eine der strengsten Regeln war, gegen die sie verstieß. Doch sie wollte nicht akzeptieren, dass sie daran schuld war und nicht ich.

Ich war verletzt über die Worte und Taten, die sie mir anhängte. Über die Lügen, die sie über mich verbreitete. Ich war am Ende. Sie verstand nicht, dass ich ihr helfen wollte. Denn schon vor dem Vorfall hat sie regelmäßig Drogen konsumiert. Ich wollte nicht, dass sie sich kaputt macht. Aber vielleicht war das ihr Wille.

Heute lebt sie in Spanien, denn die Maßnahme wurde durchgesetzt. Ich habe nichts mehr von ihr gehört. Aber ich denke, es geht ihr gut dort, denn in der WG hat Simone oft mit Sina geskypt und telefoniert. Und sie wollte gar nicht mehr von dort weg. Ich denke also, es war gut, so wie es kam.

Heimweh. Ein wiederkehrendes Gefühl, das mich immer wieder heimsucht. Obwohl es oft Streit gab. Obwohl ich den Ort, an dem mein Zuhause ist, hasse. Die Sehnsucht nach Frieden. Geborgenheit. Gewohnheit. Und nach meiner Familie.

Heimweh, ein Wort, das so viel Schmerz mit sich bringt.

Florian kam nach mir in die WG. Er war lange Zeit im Ausland gewesen. Wegen einer Maßnahme. Er war einer von uns, eben ein Mensch mit Geschichte. Anfangs war ich unsicher. Doch je näher ich ihn kennenlernte und je mehr Zeit ich mit ihm verbrachte, umso lieber mochte ich ihn. Es entstand eine Freundschaft, die bis heute existiert. Florian war ein lustiger, ausgeflippter Typ. Er hörte gerne laute Musik. Ich mochte seine Art, denn er war anders als die anderen. Liebenswert, verrückt und ernst zugleich. Ich wusste, ihm konnte ich vertrauen. Bei uns stimmte einfach die Chemie. Wir gingen anfangs oft spazieren, unten an der Saar, weil er sich nur im Dorf aufhalten durfte. Es schien mir, als würden wir uns schon seit Ewigkeiten kennen. Er war wie eine beste Freundin für mich. Ich vertraute ihm.

Wir gingen abends raus, setzten uns auf die Treppe der Unterführung, die zum Bahnhof führte, und erzählten uns Geschichten, warum wir so waren, wie wir nun einmal geworden sind. Sprachen über Liebeskummer, obwohl ich so etwas noch nie erlebt hatte. Wir sprachen über die Gedanken, die uns beschäftigten. Dinge, die uns berührten, und hörten Musik. Ich genoss die Zeit mit ihm. Er schaffte es, meine Maske zu durchschauen und das aufgesetzte Lächeln in ein echtes zu verwandeln. Wenn es einem von uns nicht gut ging, gaben wir uns die Hand und halfen einander auf die Beine.

Worte mit Bedeutung

Ich schreibe der Stille entgegen. Um Zeit zu überbrücken und meine Wunden heilen zu sehen. Um für wenige Sekunden atmen zu können, um so weiterzugehen. Ich versuche schon seit Stunden, ohne nachzudenken, Worte aneinanderzureihen. Nur damit ich sehen kann, wie aus einzelnen Worten Satzgebilde entstehen. Vergesse die Zeit, weil ich mich in meinen Worten wiederfinde. Verliere mich mit jedem Wort mehr. Um diesem Zustand zu entgehen, versuche ich, wortgewandte Ausdrucksweisen in verhedderten Strukturen auseinanderzureißen, um die Bedeutung zu verstehen. Denn ein Wort ohne Stimme hat keine Bedeutung. Weil ein Wort ohne Bedeutung das Nichts darstellt, versuche ich herauszufinden, wie man eine Stimme wiederfindet. Um zu suchen und zu forschen, braucht man mehr als nur Gedanken. Sinne sind da manchmal ganz praktisch, die hab ich immer in der Tasche. Doch meistens funktionieren diese nicht.

Und so reiße ich sie auseinander, bis fast nichts mehr von den aneinandergereihten Buchstaben zu sehen ist. Alles kaputt. Nur um für wenige Sekunden atmen zu können, suche ich nach Worten, die eine Bedeutung haben. Eine Stimme. Die nicht einfach nur nichts sind. Sondern etwas. Die eine Stimme mit sich tragen. Und nicht nur das Nichts bedeuten. Die gewaltig und bestärkend sind. Suche nach dem Sinn. Irgendwo tief in diesen Worten wird er stecken. Ich weiß nur noch nicht wo. Und so schreibe ich weiter. Wort um Wort. Satz für Satz. Auf der Suche nach einem Wort mit einer Stimme, mit einer Bedeutung. Mit einem Ziel, etwas zu beschreiben, ohne zu wissen, was es ist.

Es ist ein Moment, der dich umwerfen kann. Es ist ein Wort, das dich verletzt. Es ist eine Handlung, die dich erinnert. Es ist ein winziger Moment, in dem du zu Boden fällst und nichts mehr so zu sein scheint, wie es eben noch war. Es ist eine Sekunde, die nimmt, was du hast. Es sind Erinnerungen an Jahre, Tage und Nächte, die mich einholen und aus der Bahn werfen. Es sind Menschen, von denen ich dachte, sie seien meine Freunde, doch sie sind nie da, wenn ich sie brauche. Es ist der Moment, in dem ich so verletzbar bin wie nie zuvor. Es ist der Moment, in dem ich zu Boden falle und schreie, weil mich niemand hören kann.

Ich bin alleine mit der Erinnerung an Jahre, die mich zerstört haben. An Situationen, die mich hassen und leiden ließen. Es ist der Moment, der mich fühlen lässt, als würde ich aus diesem Loch nie herauskommen. Als hätte ich die Zeit zurückgedreht und müsste wieder alles von vorn beginnen. Wieder leiden. Als dürfte ich nicht leben, ohne zu hassen, ohne zu leiden. Als müsste ich mich dafür verantwortlich machen, dass es trotz der Therapie und der Veränderung immer noch Momente gibt, in denen ich kaputt bin. So voller Druck und negativer Energie.

Die Vergangenheit. Es reicht nur eine Sekunde und sie holt dich für immer ein.

In der WG hatte ich viele Rückfälle. Doch es war irgendwie anders, denn ich hatte die Möglichkeit, sie zu vertuschen. Ich hatte die Möglichkeit, einfach weiterzumachen, als wäre alles wie immer. Manchmal schaffte ich es, die Maske so standhaft aufrechtzuerhalten, dass niemand etwas ahnte, noch nicht einmal die, die mir sonst immer anmerkten, dass es mir nicht gut ging. Doch was brachte es mir? Nichts.

Manchmal war es mir ziemlich egal, ob sie wussten, wie es mir ging. Ich war mir egal. Doch durch das Zusammensein mit ebenden Menschen, denen ich eigentlich nichts vorspielen musste, lernte ich, mehr auf mich selbst zu achten. Sie gaben mir das Gefühl, etwas wert zu sein. Ich konnte nicht immer verstehen, wieso auch ich etwas wert sein sollte auf dieser Welt, aber ich konnte es annehmen. Annehmen und so akzeptieren, wie sie es mir zeigten.

Ich konnte sogar lachen. In guten Momenten konnte ich ehrlich lachen. Ich war so glücklich, dass ich das Gefühl hatte, ich könnte die ganze Welt umarmen. In die Luft springen und wie eine Feder zu Boden gleiten, ohne diesen harten Schlag, einfach landen ...

Ich hätte nie geglaubt, dass auch ich einmal ein glücklicher Mensch sein durfte. Dass es Dinge gab, auf die man stolz sein konnte. Nicht weil es von jemandem erwartet wurde, sondern weil man selbst so glücklich über das war, was man erreicht hatte. Oder weil man einfach froh darüber war, dass man mit Menschen zusammen sein konnte, die man gerne hatte. Oder darüber, dass man sich selbst so akzeptieren konnte, wie man war.

Doch wenn es mir nicht gut ging und ich mit mir selbst und der Welt auf Kriegsfuß stand, dann konnte ich keine Hilfe annehmen. Ich wollte keine Hilfe, weil ich dachte, ich hätte sie nicht verdient. Doch mit der Zeit lernte ich, mir Hilfe zu holen. Auch wenn ich lange dafür brauchte und ich mich deswegen als Versagerin fühlte. Im Endeffekt war es immer das Richtige. Es war für mich wie eine Art Selbstverrat, Hilfe anzunehmen. Aber ich schätzte sie immer und mit der Zeit war ich stolz darauf, sie annehmen und akzeptieren zu können.

Nicht jeder Tag ist gleich leicht

Ich weiß, dass nicht jeder Tag gleich ist. Dass jeder Tag mit dem Aufstehen beginnt und mit dem Gang ins Bett endet. Dass jeder Atemzug etwas Besonderes ist. Und dass es viel leichter ist, wenn man sich in die Gesellschaft einfügt. Doch manchmal gibt es Tage, da fällt mir dies einfach schwer. Da bin ich so rasend vor Wut, dass mein Kopf schon fast platzt. Dass mein Herz beinahe aus meiner Brust springt und meine Tränenflüssigkeit am Limit steht. Dass meine Augen nicht das eine sehen, sondern nur das, worauf meine Träume stehen.

Ich weiß, dass nicht jeder Tag gleich leicht ist, aber ich platze vor Wut. Ich raste dort. An diesem einen Ort. Ohne Sinn und Verstand. Ohne Mimik ohne Gestik. Versinke im Treibsand, denn das heißt Gleichstand. Versinke im Denken, ohne zu versinken. Ohne zu wissen, wohin es geht.

Ich weiß, dass nicht jeder Tag gleich leicht ist, aber wenn du davorstehst und nachdenkst über all die Phrasen und Farben, die man dir tagtäglich schenkt. Dann frag dich doch mal, woher man dich kennt? Woher sie all das über dich wissen, ohne dass man dich kennt.

Ohne zu wissen, wie du lebst und wo du wohnst.
Ohne zu schlafen und ohne zu toben.

Ich weiß, dass nicht jeder Tag gleich leicht ist, aber versuche, deine Emotionen zu regulieren und nicht einfach zu krepieren. Sie lieber zu studieren, anstatt sie zu verlieren.

Weißt du, warum du so fühlst?
Warum denkst du so über diese eine Welt?
Deine Welt!
Du solltest das Leben schätzen und nicht einfach hetzen. Du solltest genießen, anstatt sie alle abzuschießen. Du solltest dann reden, wenn alle schweigen. Du solltest schreien, anstatt zu schweigen.
Ich weiß, dass nicht jeder Tag gleich leicht ist, aber mit jedem Lächeln, das man dir schenkt, wird es eines Tages wieder gut. Niemand hat gesagt, es wird leicht. Doch mit der Zeit wird es anders. Es verschwindet vielleicht nicht, aber es verblasst. Doch wenn du es verdrängst, platzt es eines Tages. Ohne deinen Willen. Es überflutet dich.
Und ich weiß, dass nicht jeder Tag gleich leicht ist, aber mach das Beste draus.
Denn ich weiß, du kannst es schaffen!

Es ist, als würde ich aufhören zu atmen. Als würde mir jemand die Kehle zuschnüren, und ich drohe zu ersticken. Bin aufgedreht und innerlich unruhig. Stolziere von einem auf das andere Bein. Falle hin, stehe auf. Nichts fängt mich auf. Im Höhenflug abwärts ... bin so aufgedreht, abgedreht, verrückt. Verrückt an einem Ort, an dem ich nicht gerne bin. An einem Ort, an dem ich nicht ICH sein darf! Erwachsen, ja, das muss ich sein. Bin versunken in diesem Rausch. Doch wo finde ich den Weg hier raus? Wo ist die Tür? Wann wache ich wieder auf? Aber wenn ich den Ausgang wiederfinde, dann dreht sich alles unglaublich schnell. So schnell, dass mein Magen wehtut und mir schwindelig wird.
In Höhenflügen abwärts pralle ich auf den Asphalt. Niemand fing mich auf. Die Klinge, mein einziger Freund. Bei ihr kann ich fühlen oder einfach nur leer sein. Nichts sein.
Einfach vergessen, was war und was ist.
Nichts, das mich auffing auf dem Weg nach unten.

Sehe im Spiegel das Blut
von heute, morgen, gestern.
Doch jetzt ist jetzt und jetzt steh ich hier.
Meine Fäuste geballt.
Schreiend, tränenüberflutet mit der Klinge in der Hand.
Sie gibt mir Halt, den Halt, den ich brauche,
um zu (über)leben.

Das, was du mir nicht geben kannst, denn sie war da, als du es nicht warst. Als du mich nicht sahst, da in der Ecke, verheult und zu Boden getreten von der Welt, mit den Gefühlen in mir und dem Krieg in meinem Kopf. Zerstört hast du mich! Getötet, Stück für Stück.

Weißt du eigentlich, wie lange es dauert, bis eine halbtote Blume wieder neu wächst?

Wie lange es dauert, bis eine kaputte Seele wieder heilt? Bis die Wunden erst mal überdeckt und versorgt sind? Bis alles beim Alten ist und man so tun kann, als sei nie etwas gewesen?

Du hast KEINE AHNUNG!

Von dem WARUM ich etwas mach. WARUM ich weine, wenn du lachst.

Von dem WARUM, wenn ich aufstehe und nicht einfach liegen bleibe. Nichts, das mich hält, ist ein guter Grund weiterzumachen, weiterzusuchen. Bevor du etwas sagst, überlege gut, welche Schlacht du beginnst. Welche Worte du in den Mund nimmst.

Was du denkst, ist mir egal. Denn ich weiß heute, wie es ist allein, einsam zu sein. Ich weiß, wie es ist, kalt und abgebrüht

zu sein. Das Ergebnis der Wortgewalt, die ihr mir gegenüber ausgeübt habt. Der harten Schläge, die mich niederrissen. Ich weiß, was es heißt zu leben. Also schau tief in meine Seele, sieh die Trauer und den Schmerz, sieh die Narben auf meinem Herz. Nicht die Narben meines Körpers, denn diese sind nur ein Ergebnis.
So wie ich es heute bin.

geschrieben 2015

In der WG verbrachte ich einen Großteil meiner freien Zeit mit der Musik oder dem Herumstromern in der Stadt. Meistens waren Florian und/oder Lisa dabei. Wir saßen oft auf der Bank unten an der Saar, hörten Musik und unterhielten uns. Oder trafen andere. Doch das Erste, was wir machten, wenn wir am Hauptbahnhof angekommen waren, war der Gang in die Europagalerie, um zu schauen, was es Neues gab.

Manchmal scheint das Leben ganz normal zu laufen, wie bei jedem anderen auch. Es ist so natürlich, so zärtlich zu wissen, dass es jemanden gibt, dem du etwas bedeutest. Manchmal ist das eine große Aufgabe. Eine Aufgabe, die in schweren Situationen ganz schön bedrückend sein kann. Doch man kann es schaffen. Man darf den Willen und den Glauben daran, dass es besser wird, nicht verlieren. Denn man hat ein Recht darauf, glücklich zu sein. Doch man kann nur dann ein zufriedenes und glückliches Leben führen, wenn man mit sich selbst zufrieden ist. Wenn man beginnt, sich selbst zu akzeptieren und mit der Geschichte, die man hat, zu leben. Doch auch wenn ich mich wiederhole, man kann es schaffen! Es gibt nichts, das man nicht schaffen kann, und wenn es nicht so funktioniert, wie man es sich vorstellt, gibt es einen anderen Weg.

Jeder Weg beginnt mit dem ersten Schritt. Es müssen keine großen sein, es reichen auch viele kleine. Obwohl große Schritte einen schneller voranbringen würden, muss man manchmal ein paar Schritte zurückgehen, um wieder voranschreiten zu können. Aber das Wichtigste ist, dass man dranbleibt, nicht aufgibt und positiv denkt. Denn auch aus einem Rückfall kann man Positives ziehen.

Ich habe angefangen, die positiven Erinnerungen oder Ereignisse in einem Buch festzuhalten. Aber nur das Positive! Das trage ich immer bei mir, denn wenn meine Stimmung mal wieder kippt und ich auf der Negativschiene herumstolpere, dann zücke ich mein Buch und versuche mich auf die vielen Worte und Erinnerungen, die darin stehen, zu konzentrieren.

Jeder Mensch hat eine Aufgabe

Jeder Mensch hat eine Aufgabe. Oder auch mehrere ... Aber ich denke, die größte Aufgabe des Menschen ist es, sich selbst zu finden. Sich selbst zu kennen und zu wissen, was gut für einen ist. Zu wissen, wo die eigenen Grenzen liegen und manchmal auch darüber hinauswachsen. Zu wissen, was die eigenen Stärken und Schwächen sind. Und sich selbst so akzeptieren zu können, wie man ist. Auf sich selbst zu achten und sich auch mal Ruhe zu gönnen, wenn es stressig wird. Die Signale des Körpers wahrzunehmen und entsprechend zu handeln. Sie nicht einfach zur Seite zu schieben und links liegen zu lassen. Aufmerksam zu sein gegenüber sich selbst und anderen.

Ein Miteinander funktioniert nur dann, wenn man ehrlich zu sich und seinem Umfeld ist. Lügen machen krank und blind. Ich war sehr lange nicht ehrlich zu mir selbst. Ich belog mich und mein Umfeld. Um nicht erkennen zu müssen, dass es falsch ist, wie ich mit mir umgehe. Um nicht aufzufliegen, weil es nicht gesund ist, sich selbst Wunden (Narben) zuzufügen. Ich hielt es geheim und schwieg. Niemand bemerkte etwas. Ich war gut darin, mir und meinem Umfeld etwas vorzuspielen. Irgendwann glaubte ich es selbst: dass das Lachen echt und die Worte wahr waren.

Ich hielt jede Lüge für die Wahrheit. Und so nahm mir jeder meine Worte ab, die ich wie das Blaue vom Himmel herunterlog.

Verloren

Im Sternenlicht taumelnd sinke ich in den Schlaf. In der Hoffnung auf einen besseren Tag.

Meine Augen sind müde und schwer. Mein Blick ist schon lange leer. Die Lichter der Straßen schimmern leicht durch mein Fenster. Verloren, denke ich. Ein weiterer Tag, ohne etwas getan zu haben. Ohne produktiv zu sein. Ein Licht, ein weiteres verlorenes Licht. Die Stille, so still, dass ich sie nicht mehr hören will. Verloren klingt es. Verloren ist ein weiteres Stück Lebenszeit.

Mein Körper wird schwer und ich sinke in den Schlaf. In der Hoffnung auf einen besseren Tag. Einen Tag voll Weisheiten, Bildung und Akzeptanz. Toleriere das Sein im Schatten des Nichtstuns und doch drehe ich mich im Kreis. Nichts bleibt verborgen, denn jede Lüge taucht irgendwann auf. Verloren im Licht. Verloren im Glanz. Abgrenzung bedeutet nicht gleich Selbstakzeptanz. Doch sind es die Falschen, bleibt man allein. So sinke ich schweigsam still in einen tiefen, ruhigen Schlaf. Bis morgen bin ich wieder da. Wenn die Vögel das Morgenlied zwitschern und die Sonne das Glas trifft, wird es ein besserer Tag.

geschrieben 2016

Durch die Klinik und die Zeit, die ich in der Wohngruppe verbrachte, lernte ich, das Unerträgliche erträglicher zu machen. Aber nicht nur durch das Reden darüber, sondern auch durch den Umgang miteinander. Ich hatte früher oft das Gefühl, meine Mutter beschützen zu müssen. Ihr meine Gefühle und Gedanken, die mich beschäftigten, nicht mitteilen zu dürfen, weil ich dachte, es würde sie verletzen oder sie würde sich wieder Sorgen machen. Doch mit der Zeit lernte ich, dass meine Mutter eine erwachsene Person ist und sehr wohl mit meinen Erfahrungen, Gedanken und Gefühlen, die in mir hausen, umzugehen weiß. Natürlich macht sie sich Sorgen um mich. Auch wenn ich es nicht will.

Wenn ich mit anderen Bezugspersonen über Dinge sprach, die mich belasteten, dann war es irgendwie leichter. Es schien anders zu sein. Denn die Bindung zu meiner Mutter war intensiver als zu einem außenstehenden Freund oder Bekannten. Was ganz natürlich ist.

Fee zeigte mir und meiner Mutter auf, dass es im Umgang miteinander wichtig ist, sich keine Schuldzuweisungen entgegenzuschleudern. Egal, in welcher Beziehung. Dass man einander vertrauen muss, um eine stabile Beziehung zu führen, und beide Seiten ihre Freiheiten brauchen.

Auch Fabian hat viel dazu beigetragen, dass die Beziehung zu meiner Mutter heute so besonders ist. Dass wir über wirklich alles miteinander sprechen können. Und wissen, dass unser Gegenüber zuhört. Ich empfinde es als großes Geschenk, dass ich meine Mutter sowohl als Mama als auch als gute Freundin bezeichnen kann. Denn solch eine Beziehung zwischen Mutter und Tochter gibt es wohl sehr selten.

Ich fragte mich früher oft, wieso andere besser mit meiner Geschichte klarkamen als ich selbst, wenn ich mich mitteilte, wenn ich über etwas Tiefgreifendes sprach, das mich zu einem Menschen gemacht hatte, der ich nicht sein wollte. Wieso konnten mich Therapeuten, Freunde oder andere Personen verstehen, obwohl ich mich selbst nicht verstehen konnte? Nicht erklären konnte, wieso ich mich mal wieder verletzte oder mich als Strafe für etwas, das ich getan oder gesagt hatte, aber nicht in Ordnung fand, auf den Boden legte, um zu schlafen. Ohne Decke, ohne Kissen. Ich musste frieren. Ich biss mich selbst. Ich boxte absichtlich gegen Wände. Schlug meinen Kopf gegen einen harten Gegenstand, bis mir schlecht wurde, um die Gedanken aus meinem Kopf zu bekommen. Ich nahm absichtlich mehr Medikamente ein, ohne über die Folgen nachzudenken. Ich zwang mich, nichts mehr zu essen. Was ich allerdings nicht lange durchhielt, denn der Hunger war zu stark. Also aß ich und erbrach es danach wieder.

Aber wieso behaupteten Menschen, die ich noch nicht einmal kannte, mich zu verstehen? Ich erlaubte mir nicht, glücklich zu sein. Denn ich hatte Hass verdient. Ich war mir selbst nichts wert. Ich dachte, dass die Welt ohne mich schöner und fröhlicher wäre. Ich dachte, dass ich die Schuld an all dem Hass, der Enttäuschung, dem Schmerz und der Gewalt, die ich erfahren hatte, trug. Ich konnte beziehungsweise wollte über Jahre hinweg nicht akzeptieren, dass ich an all dem, was passiert war, keine Schuld trug. Ich wollte den innerlichen Schmerz auslöschen. Ihn töten, so wie er mich tötete. Qualvoll, still und heimlich. Ganz langsam ... jeden verdammten Tag ein Stück mehr. Einen Teil von mir ablegen ... Abschließen mit der Geschichte.

Doch ich erkannte nicht, dass mit jedem Stück, das ich versuchte zu vernichten, auch ein Teil des Guten in mir verschwand. Also wurde ich kalt. Eiskalt. Zu jedem, der mir über den Weg lief. Doch das war mir egal. Denn ich war mir selbst zu diesem Zeitpunkt schon sehr lange egal geworden. Und diese Gleichgültigkeit projizierte ich auf meinen Alltag. Auf zwischenmenschliche Beziehungen. Auf mich selbst und mein Leben. Auf die schönen Dinge, die ich nicht mehr wahrnehmen konnte, weil mein gesamtes Ich zu viel mit dem Drumherum, den Gedanken und Gefühlen beschäftigt war.

Ich verlor meinen eigenen Wert aus den Augen, weil ich durch all den Hass und die Erfahrungen, die ich machen musste, meine Rechte und Bedürfnisse nicht mehr sah. Ich blickte in den Spiegel und sah eine leblose Person. Doch das war nicht ICH! Ich erkannte mich nicht wieder. Denn all das machte mich zu jemandem, der ich nicht sein wollte und konnte.

Der Lichtblick am Horizont

Manchmal ging es mir richtig gut. Dann war alles okay und ich konnte mich fallen lassen. Einfach so. Weil ich wusste, ich werde von den Betreuern in der WG aufgefangen. Ich war zufrieden mit mir und der Welt. Dann war wirklich alles gut. Doch ich wusste nie genau, wie lange diese gute Phase anhalten würde.

Ich versuchte, so gut ich konnte, nicht darüber nachzudenken, wie lange es wohl dauern würde, bis ich wieder dem Selbstmitleid, den Depressionen und dem Hass in die Fänge geriete. Stattdessen versuchte ich einfach, in den Tag hineinzuleben. Nach bestem Wissen und Gewissen zu handeln und alles auf mich zukommen zu lassen. Ohne irgendetwas zu bewerten.

Doch dann zog schlagartig wieder der Nebel auf, der mir den Blick auf das Gute verwehrte. Ich schien aus den Fugen zu geraten, denn ich hatte erfahren, dass mein damaliger guter Freund gestorben war. Dass er einfach tot war. Er hatte Selbstmord begangen und ich hatte es durch Zufall erfahren. Auch in meiner Familie lief es nicht gerade gut zu dieser Zeit. Und dann war da auch noch diese öde Schule, die ich am liebsten in Grund und Boden gestampft hätte, da ich fürs Lernen überhaupt keinen Kopf hatte. Aber ich musste hin, denn das ist in Deutschland Pflicht. Was ich generell gut finde, auch wenn man von manchen Lernstoffen denkt, dass sie nie wieder im Leben gebraucht werden. Aber dafür ist ja das Kurzzeitgedächtnis da ...

Wie auch immer. Ich war nervlich am Ende. Doch auch dieses Mal waren da Personen, die mich auffingen. Die mir halfen, nicht zu entgleisen und meinen Alltag strukturiert weiterzuführen. Mit

Auszeiten, um durchzuatmen. Mit einem kleinen Lächeln. Mit netten Gesten und aufmerksamen Worten oder einfach nur offenen und interessierten Ohren, die meinen Worten gerne lauschten. Die meine Grenzen wahrnahmen und akzeptierten. Die nicht über STOPP liefen, obwohl ich es schon dreimal gesagt hatte. Ich hatte Menschen um mich herum, die mich ernst nahmen, meine Bedürfnisse und meine Gefühlswelt achteten. Die sich meist schlagartig änderten. Aber für sie war es kein Problem, dies zu akzeptieren. Sie taten es einfach. Als wäre es etwas ganz Normales. Und so konnte ich auch dieses Tal sicher und unbeschadet durchlaufen. Auch wenn es mir schwerfiel loszulassen.

Fabian kam oft mit zu mir nach Hause, denn er war die treibende Kraft, die das Verhältnis zwischen meiner Mutter und mir ins Positive lenkte. Er brachte uns beiden viel bei. Dafür bin ich ihm heute sehr dankbar.

Mit der WG ging es in den Sommerferien nach Köln. Das war eines der vielen schönen Erlebnisse, die ich mit jener Gemeinschaft erleben durfte. Wir hatten ein Ferienhaus in einem Vorort, direkt am See. Einfach wunderschön. Ich erinnere mich gerne daran zurück. Wir fuhren Rad, schwammen im See und besichtigten die Stadt. Es waren unvergessliche Tage, die ich zusammen mit den Betreuern und den WG-Bewohnern erleben durfte.

Karl, der Käfer

Mein Stiefvater konnte sich den Namen meines Betreuers Fabian nicht merken. Also nannte er ihn einfach Karl, der Käfer, was ich immer sehr amüsant fand. Denn jeder, der das Lied kennt, weiß, dass man Karl, ohne zu fragen, einfach verjagt hat. Was ich beziehungsweise die Bewohner mit Fabian nie machten. Wir lauschten gerne seinen Geschichten, die er sich ausdachte. Oder besprachen mit ihm die Themen, die bei den gemeinsamen Abendessen aufkamen. Fabian war gern philosophisch.

Ich mochte es immer gerne, wenn wir abends alle gemeinsam am Tisch saßen und uns Geschichten ausdachten. Das war bei uns so eine Art Ritual. Denn nach jedem Essen mussten wir mindestens 15 Minuten sitzen bleiben. Manchmal auch länger, aber dann nur, weil wir uns gegenseitig gerne zuhörten. Und es sehr interessant war, was jeder Einzelne zu sagen hatte. Egal, bei welchen Themen. Lisa und Florian fiel immer etwas ein. Meistens erzählten wir von Regenbögen, Einhörnern oder Keksen, die sprechen konnten. Unsere Geschichten waren immer sehr kreativ und teilweise echt amüsant.

Einstein sagte mal: „Die Grenzen der Welt liegen da, wo die Kreativität endet."

Kennst du das?

Kennst du das, wenn du unterwegs bist und dir einfach Namen von Personen durch den Kopf schießen? Einfach so, ohne Grund. Und du an etwas Schönes denken musst, aber dann die Gewiss-

heit kommt, dass es nie wieder so sein wird? Wenn du zurückblickst auf Erlebnisse und Erfahrungen, die Spuren hinterlassen haben, und ein Teil davon in dir geblieben ist? Und du dir nichts sehnlicher wünschst als die alte Zeit zurück, die Erlebnisse noch einmal zu durchleben und vielleicht Fehler geradezubiegen? Böse Worte, die du in einem Moment sagtest, als du nicht Herr deiner selbst gewesen bist, rückgängig zu machen, weil sie dein Gegenüber verärgert oder sogar verletzt haben?

Kennst du das, wenn du durch den Wald oder einen Park läufst, die Sonne scheint und deine Augen die zarten Blätter der königlichen Bäume streifen und alles in Ordnung scheint? Wenn die Vögel singen, du deinen Herzschlag spürst und weißt, dass du lebst? Dass es etwas gibt, das nicht nur ungerecht ist, sondern in einer ganz besonderen Weise ein kleines Stück Gerechtigkeit bringt?

Kennst du das, wenn du in den Himmel blickst und darüber nachdenkst, was sich hinter dem Horizont alles verbirgt? Und warum es sich in schweren Zeiten nicht zeigt? Wieso es so viel Schmerz und Leid auf dieser Welt gibt, während alles um dich herum so unberührt und schwerelos erscheint? Wenn die Vögel weite Kreise ziehen und ein Reh dir so nahe ist, dass dein Herz fast stehen bleibt? Glaubst du nicht, dass das eine kleine Art Gerechtigkeit sein kann?

Denn du bist einfach nur existent. Und du hast dein Leben in der Hand. Du kannst so vieles damit schaffen. Auch bei dir können Blumen blühen. Und die Sonne kann deinen Rücken wärmen. Wenn du dich ihr zuwendest, werden die Schatten hinter dich fallen und für einen kurzen Augenblick wirst auch du spüren, wie viel Freude und Glück sich in unserer Welt verbirgt.

Zu große Angst …

Was wird morgen sein, wenn du nicht mehr bist? Was wird dann aus mir? Ich brauche dich doch hier. Will dich halten, warm und zärtlich in meinen Armen. Will dich schützen vor dieser kalten, ungerechten, herzlosen Welt. Doch was wird morgen sein?

Ich kann dich nicht lieben. Denn ich will dich nicht verletzen. Ich will dir nicht wehtun. Dich nicht enttäuschen. Dir all meine Schönheit schenken. Und dich ehren. Doch glaube ich, ich kann das nicht. Ich brauche dich, um nicht allein zu sein. Denn wenn du fort bist, geht auch ein Stück von mir.

Was wird morgen sein, wenn ich dich nicht lieben kann? Vielleicht werde ich dich hassen oder auch abweisend zu dir sein. Dich einfach fallen lassen. Ich kann dir nicht sagen, wieso ich dich nicht lieben kann, aber eines weiß ich ganz gewiss: Ich will dich schützen vor mir selbst. Es ist doch wirklich nur zu deinem Besten. Nimm mich bitte in den Arm, aber fass mich nicht an. Ich könnte dich verletzen.

Bitte bleibe hier, aber gehe fort. Ich würde dich nicht loslassen können. Bitte verstehe doch, ich kann dich nicht lieben. Ich habe Angst vor diesem Wort. Liebe, was ist das überhaupt?

Auf der einen Seite brauch ich dich. Und auf der anderen lasse ich dich eiskalt fallen. Und beginne, dich für kurze Zeit zu hassen. Habe Angst, etwas falsch zu machen. Etwas zu verlieren, was ich liebe. Das hatte ich schon so oft. Jedes Mal so viel Enttäuschung. Das brauche ich heute nicht. Ich kann auch ganz gut ohne dich leben. Doch, bitte, verlasse mich nicht.

geschrieben 2015

Schöne Erinnerungen existieren im Herzen

Ich glaube, einer der wichtigsten Ratschläge ist, dass man die schönen Dinge des Lebens im Herzen tragen und immer wieder daran zurückdenken sollte. Dass man all die schönen Erinnerungen an Zeiten, die man mit bestimmten Menschen verbracht hat, im Herzen weiterträgt. Dass man die Momente nicht vergisst und in schweren Zeiten zurückblickt und sagen kann: „Ich weiß, ich kann es schaffen! Weil ich es schon einmal geschafft habe." Oder: „Wenn meine Freundin an mich glaubt, dann wird da was dran sein. Ich gebe alles, anstatt mich aufzugeben."

Ich weiß, wie schwer es sein kann in Zeiten, in denen man keine Kraft mehr hat. Wenn man am liebsten aufgeben würde, weil nichts einen Sinn zu machen scheint. Jeder Mensch hat Rechte und Bedürfnisse, auch wenn man denkt, man hätte sie nicht verdient. Doch der Einzige, der diese Rechte einklagen kann, bist du selbst! Dein Gegenüber kann nicht wissen, wann und wie oft du in den Arm genommen werden möchtest. Wie weit deine persönliche Grenze geht.

Stopp zu sagen, tut nicht weh. Aber manchmal braucht es Mut, um es laut zu sagen.
„Stopp! Mir wird es zu viel." Oder: „Stopp, es reicht!"

Am Anfang kostet es Überwindung. Mit der Zeit wird es allerdings leichter. Durch Übung kann man es schaffen, Stopp zu sagen. Wenn der Wille da ist, fallen die Hemmungen von alleine. Und wenn es so weit ist und du für dich sagst, dass es so nicht mehr weitergehen kann, dann mach den ersten Schritt. Fang klein an. Such dir Rat bei einem Vertrauenslehrer, Sozialarbeiter, bei Beratungsstellen oder im Notfall kann man die Nummer des Sorgentelefons wählen. Die können dir ebenfalls helfen. Es ist keine Schande, sich Hilfe zu holen. Im Gegenteil, es beweist Stärke und Mut. Denn nicht jeder besitzt die Stärke zu sagen, dass er Hilfe benötigt.

Und es zeigt noch etwas: dass man tief in seinem Herzen dem Tod eigentlich nicht ins Auge blicken möchte, sondern einfach nicht mehr so weiterleben möchte, wie es momentan ist. Und wenn du das geschafft hast, also Hilfe anzunehmen, und kämpfst, dann hast du schon ein kleines Stück einer Eintrittskarte in ein neues Leben. Es wird nicht leicht werden, aber das hat niemand gesagt. Wenn du dir dessen bewusst bist, kannst du alles, was du willst, schaffen.

Ich möchte niemandem Angst machen. Doch es gibt so viele Menschen, die keine Ahnung haben, wie schwer es ist, aus diesem Loch herauszukommen. Wie schwer es ist, gegen die Vorurteile anzukommen und das Gegenteil zu beweisen. Denn nur weil man in einer Psychiatrie war (was nicht schlimm ist) oder zu einem Therapeuten geht, heißt das nicht gleich, dass man verrückt ist. Oder geistesgestört, wie viele Menschen/Jugendliche leider immer noch denken. Mit einer Grippe geht man ja auch zu einem Arzt.

Es ist trotz der Kenntnisnahme teilweise ein Problem, nach einem Aufenthalt in der Klinik wieder in einen geregelten Alltag zurückzufinden, weil so viele Vorurteile im Wege stehen. Weil es so vieles gibt, das durch die Unwissenheit der Menschen abgestempelt wird. Und durch die Unwissenheit verbreitet sich die Angst.

Es geht nicht ums Gewinnen, sondern darum, dass du kämpfst!

Gedanken, Melodien, die bleiben. Die sich fest in meinen Kopf setzen. Bilder, die in meinem Herzen gefangen. Die nie mehr nach draußen gelangen. Ich halte sie fest, so gut ich kann. Doch kann es passieren, dass so manches verblasst. Lächle der Zukunft entgegen, als hätte ich nie verloren. Als würde ich nie verletzt. Lache, ohne nachzudenken. Denn dieses Mal wird es echt sein. Den Kampf werde ich gewinnen und all das Böse vernichten! Habe aus der Vergangenheit gelernt, aus Fehlern und Entscheidungen. Und manchmal tat es gar nicht weh. Ging, als wäre ich die eine. Denn ich weiß, ich werde es schaffen! Ich werde die Gedanken besiegen und über all das Böse in mir richten. Ich habe mich selbst in der Hand.

Auch wenn mich die Vergangenheit überrollen wird, ich werde kämpfen. An guten und an schlechten Tagen. Ich werde so schön lachen, wie es noch niemand zuvor getan hat. Eines Tages wird alles wieder gut und das Böse wird weichen. Ich hoffe, dass du eines Tages zurückkehrst und sagen wirst, es war ein Fehler zu gehen und mich all die Jahre nicht zu sehen.

Es wird dein Fehler gewesen sein, durch den ich all die Jahre litt. Es wird deine Schuld sein, wieso ich mein Lachen verlor und mich abgrundtief hasste. Es ist dein Fehler, dein Verschulden, wieso ich heute so bin, wie ich bin.
Es wird die Enttäuschung sein, die auch dich verändern wird.
Und es sind Erinnerungen an alte Zeiten, die mich heute lenken.
Es wird die Sonne scheinen und ich werde sagen können: „Ich war noch nie so glücklich wie an diesem einen Tag.“
Ich werde Menschen an meiner Seite haben, die mich so akzeptieren und mögen, wie ich sein werde. Und es wird Menschen geben, die mich nicht so mögen, wie ich eines Tages sein werde. Doch das wird egal sein, denn ich habe mich entschieden, mein Leben in die Hand zu nehmen und Wege zu gehen, die noch

niemand zuvor so genommen hat wie ich. Ich werde mich an schöne Dinge erinnern können und gerne zurückblicken.

Und ich werde lachen. Ich werde so schön lachen, wie es noch niemand von mir gesehen hat. Denn ich werde glücklich sein!!!

geschrieben 2015

Das Bärenkind

Fabian las mir mal eine Geschichte vor, in der es um ein Bärenmädchen ging. Diese hatte er natürlich selbst geschrieben. In der Geschichte erlebte das Bärenmädchen die Streitigkeiten der Eltern mit. Hatte keine oder wenig Freunde und hörte gerne Musik. Ab diesem Zeitpunkt war mir klar, dass das Bärenmädchen Ähnlichkeit mit mir hatte.

Und er erzählte weiter ...

Das Bärenkind empfand keine Freude am Leben und die Mutter sorgte sich um ihr Kind. So entschloss sie sich, mit ihrem Bärenkind Rat bei einer waldbekannten Eule zu suchen. Doch die Wege waren gefährlich und weit. Beide gaben nicht auf. Sie erklommen Berge und schritten durch tiefe Täler. Viele Wege meisterten die beiden trotz Schwierigkeiten. Schließlich kamen beide überglücklich bei der Eule an. Auf dem Weg hatten Bärenkind und Bärenmutter zueinandergefunden und sich Halt gegeben. Sie vertrauten einander nun.

Die Eule war sehr froh über das Kommen der beiden. Sie sagte zu ihnen: „Ihr zwei habt Kampfgeist bewiesen, so habt ihr den Weg gemeinsam gemeistert."

Und auf diese Weise haben auch meine Mutter und ich zueinandergefunden und geben uns gegenseitig Halt. Kennen uns viel besser, als es jemals jemand anderer tun wird. Denn wir sind verbunden durch ein unsichtbares Band, das uns Mut und Kraft gibt. Eine Liebe, die es nur zwischen einer Mutter und ihrer Tochter geben kann.

Ich bin dir dankbar, Mama, dass du mich ausgehalten, getragen und gestärkt hast. Ich hoffe, dass unsere Beziehung auch weiterhin so kraftvoll und harmonisch bleibt. Auch wenn ein rauer Wind weht, weiß ich, wir halten zusammen. Danke!

Tränen der Vergangenheit

Ich sehe all die grausamen Dinge,
spüre Schläge gegen Wände.
Und höre die schreiende Stille der Nacht.
Die Tränen der Vergangenheit.
Jeden Tag erzählt das Leben neue Geschichten,
doch lebt ein Teil von mir in der Vergangenheit.
Vielleicht ist es besser zu vergessen. Zu schweigen bis ans Ende meiner Tage.
Doch sehe ich all die grausamen Dinge. Und höre die Tränen der Vergangenheit.
Ich spüre den Schmerz in mir. Die Erinnerung ist greifbar nah, als wäre es erst gestern gewesen. Als hätte es gerade erst begonnen.
Doch ganz egal, wie schnell ich renne, ich werde nicht davonkommen.
Denn ich höre die schreiende Stille. Und spüre die Tränen der Vergangenheit.
Ich sehe etwas fallen, denn niemand hielt es fest. Traue meinen Augen nicht. Kann meine Worte nicht verstehen. Vielleicht, ja, vielleicht gibt es ein anderes Leben. Ein Leben ohne Grausamkeiten.
Eben ein Leben ohne diese Vergangenheit.
Und Gedanken ohne Wehmut.
Es ist egal, wie lange ich versuche zu entfliehen, zu rennen, zu entkommen,
ich habe es noch nie geschafft. Denn ich glaube, so läuft es nun mal …

MEIN LEBEN!
Mein Leben als lächelndes Mädchen. Das immer fröhlich, herzlich lacht.
Das die Masken gut versteckt und sich daran festhält.
In denen ich vergebens versucht habe zu entfliehen. Vor mir selbst wegzurennen.
Vielleicht, ja, vielleicht gibt es eine Version meines Lebens, in der ich begreifen kann, wieso das alles so passierte.
Doch es wird egal sein, wie schnell,
wie lange ich rennen werde,
denn ich erzähle diese GESCHICHTE,
in der ich nicht entkommen kann.

geschrieben 2015

Siehst du die Zeit? Sie ist vergänglich. Unantastbar steht sie bereit, um dich auf Reisen mitzunehmen.

Ich war 13 Jahre alt, als mich mein Leben einholte in all seiner Vielfalt. Geprägt von Trauer, Wut, Hass, Schmerz und Leid. In unaufhaltsamen Schritten kam sie immer näher, die Zeit meines Lebens. Die Zeit, in der ich alles verlor. Meine Träume, meine Wünsche. Jegliche Art von Vertrauen oder Selbstbewusstsein. Ich war gefangen in meinem eigenen Gefängnis. Verschleiert von Impulsen, denen ich nicht widerstehen konnte. Denen ich nicht ausweichen konnte. Sie streichelten mir über meine Wangen, so zärtlich und gleichzeitig hart, dass ich mich auf sie einließ. Ohne an die Folgen oder Ähnliches auch nur einen Gedanken zu verschwenden. Ohne das Wissen, dass es so enden würde.

Ich hatte beschlossen, all dieses Unerträgliche hinter mir zu lassen. Ohne an die Tränen der Menschen zu denken, die mich mochten. Die mich lieb hatten. Ich war gefangen in einer zukünftigen Vergangenheit, der ich nicht ins Auge blicken mochte.

Die ich so nicht leben wollte. Denn jeden Tag versank ich mehr und mehr in der Sanduhr der Zeit. Ich sank immer tiefer, bis ich Vergangenheit und Zukunft nicht mehr unterscheiden konnte. Rutschte jeden Tag ein Stückchen weiter in dieses Labyrinth. Versteckte mich vor meinen Schatten und hatte Angst vor mir selbst. Mein Leben kam auf mich zu wie eine riesengroße Welle. Wie eine Flut kam es immer näher. Ich fühlte mich hilflos und klein. Ich war so verletzt, so tief konnte kein Messer schneiden. So tief konnten keine Worte dringen. Und Berührungen hasste ich.

Ich schritt wie in Trance in einen Kampf, ohne mir über jegliches Ausmaß bewusst zu sein. Doch dann, als es fast zu spät schien und ich den letzten Schritt gehen wollte, kam ein Engel auf mich zu. Es war kein Tier, sondern eher von menschlicher Gestalt. Ein Wesen, das mir Halt gab. Das mir zeigte, wie wunderschön das Leben sein kann.

Das Schicksal kann hart zuschlagen. Das habe ich gelernt. Doch weiß ich auch, dass es weitergeht. Und Schritt für Schritt lernte ich, was es wirklich heißt zu leben. Wie viel Schönheit in mir steckt. Wie viele Wunder es tagtäglich gibt. Wie es möglich sein kann, an einem blöden Tag trotzdem zu lachen, weil es doch irgendetwas gibt, das einen zum Lachen bringt. Wie es ist, sich selbst spüren zu können. Wie man für einige Zeit alles vergessen kann und den Blick auf etwas anderes fixiert.

Die Zeit gab mir Raum, um mich selbst besser kennenzulernen. Mich selbst aus einem anderen Blickwinkel zu betrachten. Raum und Zeit. Das ist, was bleibt. Auch wenn sie vergeht, bleibt dennoch genug Zeit für etwas Neues. Für einen Neuanfang. Im Hier und Jetzt. Ohne das, was war und was ist. Nur ich und die Zukunft, die keiner kennt.

Außer Kontrolle

So viel, das ich nicht spüren kann. So viel, worüber ich nicht spreche. Und mich stattdessen verstecke.

Doch wenn ich dir erzählen würde, was mich zu dem macht, was ich bin. Wenn ich dir von all der Dunkelheit in mir erzählen würde, würdest du mir sagen, dass ich eines Tages frei bin? Würdest du auf eine gebrochene Seele aufpassen wollen? Würdest du dich in jemanden verlieben können, der eine gebrochene Seele trägt und manchmal außer Kontrolle gerät? Würdest du mich nach Hause tragen und auf mich aufpassen, während ich schlafe?

Ich würde dir so gerne von der Dunkelheit erzählen, die in mir steckt. Doch du verstehst sie, wortlos. Dir muss ich nichts erzählen. Denn du schaust mich an und weißt, wie es in mir aussieht. Du weißt, wenn ich lüge. Du spürst, wenn meine Seele weint. Denn du kennst mich besser, als ich mich selbst kenne. Du kennst mich viel zu gut. Doch das ist schon in Ordnung. So muss ich mich nicht verstecken, auch wenn ich es mal wieder nicht schaffe, meine Masken abzusetzen. Doch du wirst wissen, wie es in mir aussieht. Denn du kennst mich viel zu gut.

Du wirst versuchen, mit mir darüber zu sprechen. Ich werde meinen Kopf senken und dich keines Blickes würdigen. Du sagst, es sei nicht schlimm. Denn du hättest mich so lieb, wie ich bin. Deine Umarmung wird mich wärmen in der Dunkelheit der Nacht.

Und ich werde dich fragen, woher du das alles weißt. Woher du mich so gut kennst. Denn du kennst mich besser, als ich mich selbst kenne. Was ich weiß ist, dass ich dich gerne hab, auch wenn ich dich außer Kontrolle eiskalt fallen lasse. Bis du bis drei gezählt hast, wird es vorbei sein und ich werde mich für mich selbst entschuldigen. Für mein unangemessenes Verhalten. Für meine gebrochene Seele und dafür, dass ich außer Kontrolle geraten bin. Wirst du sagen, dass ich bald frei sein werde?

Denn ich möchte mich nicht für immer in dieser Dunkelheit in mir verlieren. Ich habe das Gefühl, du kennst mich besser, als ich mich selbst kenne. Du sagst, ich soll mir nichts dabei denken, wenn ich für einen Moment so sein kann, wie ich wirklich bin. Doch schäme ich mich hinterher dafür. Du jedoch findest mich gut, so wie ich bin. Wenn ich egoistisch denke.

Doch ich verstehe das nicht. Wie kannst du mich mögen, wenn ich mich hasse? Wie kannst du sagen, dass ich wunderschön und intelligent bin? Während ich tagelang im Bett liege und nichts tue. Du denkst so positiv über mich. Ich frage dich, wieso kann ich das nicht? Warum denke ich so über mich? Warum trage ich diese Arschlochgefühle in mir, die mich anders sein lassen?

Du sagst, es sei die Vergangenheit, die mich einholt. Die mich zu der Person werden ließ, die ich nun bin. Und ich kann nichts dagegen tun, außer positiv zu denken. Positive Erfahrungen zu sammeln. Offen und ehrlich zu mir selbst zu sein. Freude zu finden, um aus diesem Loch herauszukommen. Um wieder glücklich und zufrieden mit mir und der Welt zu sein.

Ich schaue dich an und sehe Kampfgeist in dir. Ich sehe Tränen, die sagen: „Gib nicht auf."

Du nimmst meine Hand und sagst: „Ich werde deine Hand halten, auch wenn man mir beide Hände bricht." Und ich weine vor Freude, weil ich weiß, dass du an meiner Seite bist.

Wenn es wieder so weit ist und ich die Kontrolle über mich und mein Leben verliere, dann denke ich an dich! Denn du hast mich ein kleines Stück auf meinem Weg begleitet und mir Kraft und Erfahrung geschenkt, die ich niemals loslassen werde. Denn es sind unbeschreiblich schöne Momente. Erinnerung an Hass, aus dem Liebe wurde. An Traurigkeit, die zur Freude geworden ist. Und eine tiefe Wunde in mir, die Tag für Tag ein Stück mehr heilt. Du bewunderst meine Perspektive in guten Zeiten. Denn ich versuche dir zu zeigen, wie wundervoll das Leben sein kann. Wie einfach man Wunder erkennen kann, wenn man mit offenen Augen durch die Welt geht, und man sich daran erfreuen kann.

Nicht jeder Tag ist leicht. Doch bewunderst du mich. Und ich bewundere dich, weil ich weiß, du lässt mich nicht im Stich. Auch wenn ich außer Kontrolle gerate. Du sagst mir jedes Mal, wie froh du bist, mich zu kennen. Wie froh du bist, Geschichten und Erinnerungen mit mir teilen zu können. Ich sage dir viel zu selten, dass ich an dich denke, wenn mich meine Gedanken mal wieder lenken.

Ich sage dir viel zu selten, dass ich dich lieb habe und alles, was ich habe, in mir trage. Ich bin viel zu oft mit mir selbst beschäftigt, als dir zu sagen, wie froh ich bin, dass ich dich hab.

Die Erinnerung an dich und an die Tage an diesem Ort lassen mich aufatmen. Wäre es nicht so gekommen, hätte ich dich heute nicht. Dann wäre ich nichts weiter ...

Denn in dieser Zeit ist die Blume gewandert. Vom Meer an den Strand. Ich hoffe, dass auch du eines Tages an mich denkst. Dass du meine Worte erkennst und mich nicht vergessen hast. Denn dass die Blume dort ist, wo sie sicher und geborgen blühen kann, hab ich dir zu verdanken. Dass ich lachen kann und reden. Danke für mein neues Leben! Dass ich die kleinen Dinge erkennen kann und mich daran erfreue. Dass ich dich kennenlernen durfte und wir so etwas wie ein Team wurden. Ich hoffe, dass ich eines Tages auf dich treffe und du mein Lächeln erkennst. Dass du eines Tages zu mir sagst, du seist stolz, dass ich gekämpft habe. Dass ich es geschafft habe. Ich hoffe, wir sehen uns bald wieder, wenn ich vierundzwanzig bin und an deiner Tür „24 Stunden Not- und Stördienst“ stehen wird. Und wir beide einen Lachkrampf bekommen. So wie früher. Ich hoffe, du hast mich noch nicht vergessen. Denn ich warte auf unser Wiedersehen ...

Bis dahin beginne ich jeden Tag mit einem Lächeln und gieße im Regen die Seerosen.

Immer noch dieselbe

Verschiedene Gesichter.
Verschiedene Charaktere.
Verschiedene Menschen.
Doch ich bin immer noch dieselbe.
Die Kleine, die sich in ihrer Ecke versteckt
vor Gefahren, die keiner außer ihr kennt.
Die ihre Masken gut versteckt über sich hält.
Die Worte verwendet, die ein anderer nicht kennt.
Die sich eine andere Welt vorstellt. Die von etwas Schönem träumt.
Das Mädchen, das lacht, obwohl es innerlich weint, nur um nicht erkannt zu werden.
Um nicht zu viel von sich zu zeigen. Um Gefühle zu verstecken.
Das Mädchen, das eigentlich gerne lebt. Sich aber manchmal nach etwas Schönerem sehnt.
Die, deren Wunden Narben wurden. Sie schaut auf sie und fragt sich, wieso sie so geworden ist. Sie spürt sie jeden Tag, die Narben. Und weiß, es ist noch nicht vorbei. Dass da noch etwas sein muss. Irgendetwas, das sie finden muss, bevor sie geht.

Die nicht gerne in den Spiegel schaut. Weil sie sich so schämt für das, was sie geworden ist. Weil sie alleine ist in ihrer gut versteckten, fast vergessenen Welt. Die sich von Masken bedeckt und gut eingehüllt in Worte flüchtet.
Seht ihr die Zeit ... sie vergeht. Sekunde um Sekunde, und aus Minuten werden Stunden. Du fragst mich, was geht. Während ich mich frage, was bleibt. Denn ich bin hier und du dort, irgendwo auf dieser Welt. Du fragst, was geht, während ich mich frage, was bleibt. Und so sitze ich schweigend alleine neben dir und warte darauf, dass die ellenlangen Stunden endlich vergehen und ich mich und dich nicht wiedersehe.
Du fragst dich, wieso ich weine, wenn du lachst, weil ein Lachen so viel mehr ist als ein Wort. Du fragst, was geht, während ich mich frage, was bleibt. Von mir, von uns. Von meiner Erinnerung. Hoffentlich nichts. Denn egal, wie lange ich versuche zu vergessen, es wird jedes Mal bemessen, wie lange es dauert, bis es wiederkommt.
Doch du fragst mich, was geht, während ich mich frage, was bleibt, wenn ich geh.

geschrieben 2014

Ich lebe, ich atme, ich lache und ich weine. All die Geschichten stecken in mir. Tief verankert in meiner Brust. Mit jedem Herzschlag weiß ich, dass ich lebe. Ich schließe meine Augen und sehe all die Bilder von Zeiten, die mich gefangen nahmen. In denen ich nicht mehr atmen konnte. Doch wenn ich meine Augen wieder öffne und im Hier und Jetzt stehe, dann kann ich sagen, es war okay. Ich meine damit nicht, dass es leicht gewesen wäre oder dass ich glücklich darüber bin, was mir widerfahren ist. Es ist okay, weil ich gelernt habe, Wege zu finden, Lösungen, die mich aus dem Labyrinth herausbringen können. Ohne Schäden, Narben oder Ähnliches. Es funktioniert zwar nicht immer, aber ich gebe mein Bestes. Denn ich will mich nicht aufgeben, sondern alles geben! Ich will nicht noch mehr von meiner kostbaren Lebenszeit verschwenden. Ich bin eine Träumerin mit Zielen und Verstand.

Ich bin verrückt und glaube daran, dass in jedem Menschen etwas Schönes schlummert. Denn ich bin ich und das kann mir keiner nehmen. Ich schaue in Richtung Zukunft mit positiver Energie. Und einem Koffer voller schöner Dinge, die mir Mut und Kraft geben weiterzumachen. Erfahrungen und Fehler, aus denen ich lernte, und Worte, die ich nie vergessen werde. Es ist gut, so zu sein, wie man ist, denn einen anderen gibt es schon.

Vertrauen heißt Mut. Lieben heißt zulassen und leben heißt, aus Erfahrungen und Fehlern etwas Positives zu ziehen und darauf aufzubauen.

Blickkontakt

Und eines Tages stehst du dann vor mir. Du wirst mich ansehen und mich fragen, was ich all die Jahre gemacht habe. Was aus mir geworden ist. Du wirst mich fragen, wieso ich weine, wenn du lachst, und ich werde sagen, dass mir Worte lieber sind. Dass deine traurigen Augen hinter deinem Lachen mehr sagen als die Maske, die du zum Schein trägst. Du wirst mich fragen, wieso ich all die Zeit verplempert habe, die ich hätte anders nutzen können. Aber ich werde nur dastehen und sagen, dass es nicht anders möglich war, denn ich war in einer anderen Welt. Ich war nicht hier und auch nicht in einer Zwischenwelt. Ich war tanzend und lachend in meiner eigenen Welt. Auf der Suche nach mir selbst.

Du wirst dich wundern über all die Striche, die meinen Körper zeichnen. Du würdest dich wundern, was ich erzählen könnte, wenn ich all das endlich loslassen würde. Wenn ich das Theaterstück ablegen und ein neues beginnen könnte. Wenn ich nicht nur eine Nebenrolle hätte, sondern diesmal die Hauptrolle. Mit ehrlicher Natur. Mit einem Strahlen in den Augen und einem verheilten Herzen.

Eine Rolle, die mich davor schützt, dass alte Wunden nicht aufplatzen, sondern heilen. Du wirst mich nicht wiedererkennen, denn ich werde anders sein als früher. Ich werde Gefühle zeigen können. Ich werde schreien und sagen, wenn mir etwas nicht passt. Denn ich habe mich selbst gefunden. Ich bin nicht mehr die Alte ... Ich bin nicht mehr die eine, die alles hinnimmt und macht, was einst verlangt wurde. Denn ich kann weinen, schreien und ich kann reden.

Na ja, nicht immer, denn manchmal tut es zu sehr weh. Es schmerzt tief in mir. Es ist ein stechender Schmerz, den ich nicht steuern kann, denn er kommt und geht, wann er möchte. Ich habe keine Kontrolle. Ich weiß nur Möglichkeiten, wie ich damit umgehen kann. Wie ich es erträglicher gestalten kann. Wie ich mich selbst wahrnehmen und akzeptieren kann.

Doch du, du wirst einfach nur dastehen und irgendwas erzählen, von dem du keine Ahnung hast. Und mich mit deinen dämlichen Witzen nerven. Du wirst mich an alte Zeiten erinnern und ich werde innerlich zusammenbrechen. Denn du weißt nicht, wie es damals war. Wie es war, als ich mich nachts in den Schlaf weinte. Wie ich mit mir und den Gedanken kämpfte. Wie ich mit mir selbst abgeschlossen hatte. Denn du warst ein Teil dieses Schmerzes. Du bist ein Bestandteil der Erinnerung an Tage, die mich leiden ließen. Die mich zu etwas machten, das ich nicht sein wollte.

Und weißt du was? Ich danke dir. Denn heute bin ich einen Schritt weiter, heute bin ich reifer. Und ich bin gewachsen. Intellektuell und an innerer Größe. Und daran bist du schuld.

Danke für den Schmerz. Für die Tränen, die Wut und all das Leid. Danke für all die wunderbaren Menschen, die ich auf dem Weg zu mir selbst kennenlernen durfte. Doch du bist keiner davon! Du bist nur eine bösartige Erinnerung.

In Liebe Lea

Die Autorin

Lea Bach ist 17 Jahre alt und möchte ihr Fachabitur absolvieren. Mit neun Jahren begann sie, sich selbst zu verletzen. 2013 wollte sie ihrem Leben ein Ende setzen. Der Suizidversuch scheiterte, zum Glück, wie sie heute sagt.

Ein halbes Jahr später begann sie eine Verhaltenstherapie (DBT-A), worauf eine Traumatherapie folgte. Es fiel ihr nicht leicht, wieder zurück in den normalen Alltag zu finden. Heute lebt Lea Bach wieder bei ihrer Familie.

Unser Buchtipp

Isabel Hoffmann
Spring
ISBN: 978-3-86196-313-4
Taschenbuch, 156 Seiten

Wie viel ist nötig, um einen Menschen zu brechen? Was ist das Schlimmste, das dir passieren kann?

Tessa ist 14, als ihre Eltern beschließen, Onkel Sam bei sich aufzunehmen – und sich das Leben der Teenagerin schlagartig verändert. Anfangs gibt sich Sam freundlich und hilfsbereit, doch schon bald scheinen seine kalten, grauen Augen Tessa überall hin zu folgen ...

Auf die wohl grausamste Art und Weise muss Tessa lernen, wie einfach die Menschen ihren Blick abwenden und wie schwer es ist, Vertrauen zu fassen und sich anderen anzuvertrauen.

Unser Buchtipp

Christian Weissmann
Die grüne Schere
ISBN: 978-3-86196-298-4
Taschenbuch, 154 Seiten

Zu Beginn der neunten Klasse spüren Chris und seine Eltern, dass etwas nicht stimmt. Er fühlt sich ständig müde, kann sich nicht mehr konzentrieren. Alles fällt schwer, Chris ist traurig. Einige Monate später ist die Erschöpfung so groß, dass er nicht mehr in die Schule gehen kann. Diagnose: Depression.

Nach drei Monaten in der Klinik muss der Weg zurück in die Schule, in den Alltag neu gelernt werden. Zusätzlich gilt es, die Erlebnisse in der Klinik zu verarbeiten. Was und wie sage ich es der Klasse, wie reagieren die Mitmenschen?

Es bleibt nicht bei diesem einen Klinikaufenthalt. Beim nächsten Aufenthalt ist alles noch heftiger, die Ärzte diagnostiziert eine bipolare Störung. Doch Chris gibt nicht auf und kehrt nach weiteren vier Wochen in seine Schulklasse zurück. Er lernt, sich mit dieser Krankheit zu arrangieren, aber was gibt ihm Mut und Kraft? Ist es sein Traum von einer toleranten Welt ohne Ausgrenzung?

Eine spannende, offene, mutige, rührende Geschichte, aber eine zum Staunen darüber, was der Alltag mitten in Deutschland bedeuten kann. Interessant, authentisch und direkt aus dem Leben.